英文自分史のすすめ

Suggestions for the History in English on your Life

My very special thanks to some people who helped me greatly in putting this book together: Virginia Slater, Larry Ogden, Keisuke Sagara, and my daughter Miki and my son Takeshi.

はじめに

　書店に足を運ぶと、自分史に関する書物が少なからず並んでいることに、読者の皆様は気付かれるのではないかと思います。今日の高齢化社会、自分が歩んできた人生を振り返り、1冊の本にまとめてみようと思われる方が多いせいかもしれません。

　アメリカの書店に足を運ぶと、日本の書店より多くの自分史関係の書物が棚に並んでいることに驚きます。以前「ルーツ」という本がアメリカでブームを起こしたことをご存知の方もいらっしゃると思います。アメリカは移民でできた国です。異国からやって来た、自分たちの先祖の足跡をたどってみようと思うのも、同じことなのかもしれません。いずれにせよ自己の歴史を確認してみようと言うのは、世の東西を問わないと言うことでしょう。

　本書「英文自分史のすすめ」を起稿するに当たり、英語を母国語としない我々日本人にとり、どれほどの意味があるのか疑問に思う方もいらっしゃるかもしれません。しかしながら、それほど深刻にその意味を考える必要もないようにも思えるのです。なぜなら、自分史は他人に教育や啓蒙をするのが本来の目的ではなく、言ってみれば自己満足の世界と言える物です。結果として社会に立派に貢献する自分史が存在するかもしれませんが、それはそれですばらしいことだと思います。
　英語で自分史を書くことにトライしてみる、その結果英語力が向上すれば、それはそれでまた、すばらしいことだと思います。
　筆者の著書『英語で自分を表現する』でも述べましたが、英語力向上の決め手のひとつに、もっとも興味ある事柄について書くことが挙げられます。英語で自分史を書くことにより、英語力の向上につながることは間違いないのです。

　また別の観点から言えることは、今日の国際化の時代です。将来日本語を母国語としない孫や子孫ができるかもしれないのです。英語は今や

国際語です。そんな将来の子孫たちに英語で自分史を書いておくのもいいのではないでしょうか。

　最後に、本書ではPartⅡ（質問に答える）をもうけています。質問に答えていく中で、ご自身の「自分史」の方向性が見えてくるかもしれません。又、質問が可能な所だけ答えていき、後でそれらをまとめることで自分史が出来るかもしれません。
　本書が読者の皆さんのお役に立つことを願っています。

2009年7月1日

　　　　　　　　　　　　　　　　　　　　　　　　　　田上　達夫

英文自分史のすすめ／目次

はじめに　3

Part 1. 準備 ………………………………………… 7
　　1-1. 様式　8
　　1-2. タイトルの決定　9
　　1-3. 資料　10
　　1-4. 項目　11
　　1-5. アウトライン　12
　　1-6. 簡単な英文履歴書の作成　13
　　1-7. 自己年表の作成（My Time Tables）　18

Part 2. 質問に答える（回答例付き）……………………… 23

Part 3. 英文自分史に必要な英語基本知識 ……………… 87
　　3-1. 「英文自分史」4箇条　88
　　3-2. 代名詞（主語）の人称　89
　　3-3. 動詞の過去形（Simple past tense）　90
　　3-4. 現在完了（Present perfect tense）　91
　　3-5. 過去完了（Past perfect tense）　91
　　3-6. 未来完了（Future perfect tense）　92
　　3-7. 仮定法過去（Subjunctive past）　92
　　3-8. 接続副詞（Conjunctive adverb）　93

Part 4. 日本語と英語の違い ……………………………… 99
　　4-1. 文法的な違い　101
　　4-2. 紛らわしい日本語表現　104
　　4-3. 擬態語／擬音語　105
　　4-4. その他　107

Part 5. 表現集 ································109
    5-1. 故郷（Hometown）110
    5-2. 両親（Parents）112
    5-3. 子供時代（Childhood）114
    5-4. 小学校時代（Elementary school）116
    5-5. 青春時代（Youth）121
    5-6. 社会人時代（Adulthood）125
    5-7. 仕事（Job）128
    5-8. 家庭（Home）130
    5-9. 写真の下に付ける英文説明 130

Part 6. 用語集 ································133
    6-1. 人生のイベント 134
    6-2. 日本の祝日と行事 135
    6-3. 日本の品物 136
    6-4. 日本の食べ物 137

Part 7. 自分史サンプル ································139
    7-1. Sample of Chronology（年表形式）140
    7-2. Sample of Personal History（経歴書形式）142
    7-3. Sample of a Short History（ショート・エッセイ）147
    7-4. Sample of an Essay with a Title（タイトル付エッセイ）148
    7-5. Sample of Personal History（自分史）150

Part 8. 年表 ································153
    8-1. 年表1 154
    8-2. 年表2 161

装幀　比賀祐介

PART 1 準備

1-1. 様式

　英文自分史は、日本語の自分史と同じように、決まった様式や規則があるわけではありません。辞書によりますと、自分史とは広い意味で「自叙伝」「伝記」「体験記」「回想録」などの書き物を言うようです。写真だけの自分史、趣味に特化した自分史、エッセイ風の自分史などもあります。

　ここで取り上げる「英文自分史」は自分の歩んできた歴史を自分なりにまとめるためのもので、特殊なものではありません。また、思想や信条を教育的な見地から書き下ろすものでもありません。あくまでも他人に影響を与えるといったものではなく、自己の経歴や体験、過去の思い出をまとめる物で、自己満足の世界と言えるかもしれません。

　読者の皆さんには、自分なりのアイデアがあり、独自の視点や様式で英文自分史を書こうとされる方があると思います。それはそれで非常に結構なことだと思います。

　様式について言えば、まったく自由です。様式があるとすれば、多くの「英文自分史」は「英文履歴書」とは違って、年代の古いものから書かれていることくらいです（「英文履歴書」は年代の新しいものから書きます）。年代の順序については日本語の自分史と同じだと思われます。

　しかしこれも、必ずそうしなければならないと言うことではありません。

In writing history, the most obvious pattern is chronologically. You might begin with your birth, and continue in sequence to the present.

"How to Write Your Personal & Family History", by Keith E. Banks, 1988, Maryland.

　英文自分史の様式は、年代順に書かれているということです。著者は出生から年代を追って現在までのことを書くはずです。

前にも言ったように「英文自分史」の様式は自由ですので、古い物から順番に書く（Chronological）とは別に、各テーマに従って忠実に書く英文自分史もあります。例えば、趣味に特化して書くなら作品ごとにその歴史や背景、動機など、項目を分けて書くこともあります。トピックごとに「Part 1」「Part 2」などのように項目を（Topically）に書くこともです。このような英文自分史は、"はじめに"でもふれたようにアメリカの書店には沢山並んでいます。また、ご自分の歴史の中で、少年時代（Childhood）、青年時代（Youth）、学生時代（Student）、社会人時代（Adulthood）、仕事（Job）、家族（Family）、家庭（Home）などに分けて書く方法もあります。例えば、Part 1 少年時代（Childhood）、Part 2 青年時代（Youth）、Part 3 社会人時代（Adulthood）、などです。また節目ごとに年齢別に展開することも面白いかもしれません。

　様式とは別に、読者の皆さんはお分かりだと思いますが、英文自分史を書くに当っては、英語でよく言われる５W＋１H（Who, What, When, Where, Why and How）を意識して書くことが重要です。「誰が」「何時」「どこで」「何を」「何故」「どのように」といったことです。これが明確であれば読者に非常に分かりやすい英文自分史になるということです。

1-2. タイトルの決定

　すでに申し上げましたが、自分史は英語であっても日本語でもその様式（スタイル）は決まったものはありません。ご自分の感性とアイデアで決まっていくものです。タイトルはそれこそ自由です。ご自分の体験記を中心に書くのであれば、そのタイトルはTravel「旅行記」、My Hometown「我が故郷」、My Mother「母親」、My Father「父親」などさまざまです。また、Cherrytrees in my school「校庭のさくら」などと題を付けて文学風に書く方もいらっしゃるかもしれません。いずれにせよ自分史を書くに当ってはタイトルを決めてから書くほうが、無駄が少なくなるように思われます。なぜならタイトルに沿った資料を集めれば良いからです。

英文自分史は、単純な英語表現では「Personal History」と言われるものです。そのタイトルはさまざまで、「The Family Tree」「My Life」「My Personal & Family History」などの主題（タイトル）の自分史の本が出ているようです。でもこのタイトルは自分史に分類されるほんの一部にしか過ぎません。読者の皆様もご自分の感性とアイデアで、ダイナミックな英文自分史の主題（タイトル）を掲げられてはいかがでしょう。

要するに、英文自分史を書くにあたり、何を中心に書くのか、何をまとめたいのか、などを決め、それに合った主題（タイトル）を決める方が良いように思われます。なぜなら自分史は1日や2日で書けるものではありません。時間が経過していく中、主題（タイトル）があれば、それにそった一貫性のある作品ができるはずです。

1-3. 資料

次に、自分史を書く前には資料を揃える必要があります。同じように英文自分史でも最低限の資料を用意しなければなりません。資料を集めるには、可能な限り色々な方面から情報を集めることが必要です。思いつく限り色々な場所や人、物から資料を集めましょう。前にも書いたように、資料を集める前にタイトルを決めると、無駄な資料を揃える必要がありませんのでその方が経済的です。

資料としては次のものが考えられます。
英文自分史の資料：
写真アルバム（Albums）、日記（Dairies）、卒業証書（Diplomas）、手紙（Letters）、コレクション（Collections）、答案用紙（Test Papers）、通知簿（Notice Books or Report Cards）、成績表（Score Cards）、成績証明書（Transcripts）、戸籍謄本（Copies of Family Register）、免許証（Driver's Licenses）、給料明細（Salary Datails）、各種レポート（Any Kind of Reports）、家計簿（Housekeeping Books）、カルテ（Medical Statements）、健康保険証（Health Insurance Cards）、貯金

通帳（Notes of Saving Account）、年賀状（New Year Cards）、クリスマスカード（Christmas Cards）、スケジュール表（Schedule Notes）、手帳（Notes）、俳句（Haiku）、作文（Compositions）、辞令（Written Appointments）、ラブレター（Love Letters）、ランドセル（Satchels）、鞄（Bags）、教科書（Text books）、思い出の書籍（Books of Recollections）、思い出の品物（Goods of Recollections）、新聞（Newspapers）、株券（Stock Certificates）、航空券（Air Tickets）、各種領収書（Any Receipts）、家系図（Genealogical Charts）、パスポート（Passports）、その他、思いつくままにできるだけ多く揃えるようにします。

資料を集める所：

図書館（Libraries）、市町村役所（City Halls）、故郷（Homeland）、幼なじみ（Old Friends）、同級生（Classmates）など。このような場所や人から資料を探すと、すっかり忘れていたことまで蘇ります。

　上に挙げた資料は、自分史の様式や目的にもよりますが、本の最後に添付する形でつけることもできます。オリジナルでもコピーでも結構かと思います。
　英文自分史であれば、本の後半に Appendix（付録）の項目をもうけて、新聞「Newspapers」、書類「Documents」、家系図「My Family Tree or Genealogical Chart」、参考書目「Bibliography」、写真「Photographs」、その他自分史の目的に従って添付することも可能です。

1-4. 項目

　以下の項目全てが必要というわけではありませんが、本の最初から後にかけて大まかな順番を紹介します。このような項目があることだけ認識していただけたら結構です。

Cover（表紙）：
　タイトル、著者。

Title Page（本の名前）:
　表紙と同じ内容に加えて出版の日付、著作権。
Frontispiece（口絵）:
　写真、イラスト、地図、図表などを本の前半部分に掲載する。
Acknowledgments（謝辞）:
　作者が協力者に対しての感謝を表すページ。
Introduction（紹介）:
　本の紹介、「はじめに」に当るもの。
Table of Contents（目次）:
　項目別に内容を記したもの。
List of Illustrations（図・写真リスト）:
　写真、地図、系図とページ番号。
Chronology（出来事を時系列に列挙する）:
　学歴や職歴その他の出来事を時系列に表などで示す。
Narrative（本題）:
　本の中心となる所で思い出や説明を文章で表現するところ。
Glossary（用語集）:
　本題で紹介した用語、ことわざ、方言などをアルファベット順に並べて書く。
Appendix（付録）:
　書類などの添付明細。
Index（索引）:
　名前、項目などをページ番号で紹介する。
　英文自分史をまとめるに当って、以上のような項目を頭に入れて本を仕上げてください。全ての項目が必要なのではありません。あくまでもご自分の英文自分史にふさわしい構成にして頂けたらよいのです。

1-5. アウトライン

　英文自分史を書き始めるに当っては、おおよそのアウトライン（フレーム）を構築する方が書きやすいはずです。筆者の場合は本を書く時に

は、まずアウトラインを書き、それから書き始めることにしています。その方が前後関係で矛盾が少なくなるからです。

例えば、タイトルでMy First Job「私の初めての仕事」と言うタイトルや項目を掲げたとしましょう。その場合は、タイトルを書きその次に目安として細かく項目を設定します。

例：

（英文）　My First Job	（和文）　私の初めての仕事
１．Why I needed a job.	１．何故仕事がしたかったのか。
A．I wanted to buy a car.	A．車が欲しかった。
B．My friends have already worked.	B．友人はすでに働いていた。
C．Recruit.	C．就職。
２．How I got the job.	２．どのように職を見つけたか。
A．From my school.	A．学校より。
３．About the job.	３．仕事について。
A．My boss.	A．上司。
B．Pay.	B．給料。
C．First day of work.	C．出勤初日。
D．A typical work day.	D．１日の仕事。
E．Co-workers.	E．同僚。
F．Customers.	F．お客様。
G．Transfer.	G．転勤。
H．Promotion.	H．昇進。
I．Position.	I．職種。
４．Retirement.	４．退職。
A．I retired at the age of 60.	A．60歳で退職。

1-6. 簡単な英文履歴書の作成

筆者の「英文履歴書の書き方と実例集」でも紹介していますが、この「英文履歴書」は就職を目的に書くもので「英文自分史」とは目的が違うと思われます。しかし「英文履歴書の書き方と実例集」で取り上げる

項目を参考に、自分史に必要な情報を取捨選択した英文履歴書は「英文自分史」を書くに当たり非常に参考になります。
以下に簡単な英文履歴書のサンプルを紹介してみます。
例：
（英文）Ichiro Tanaka

Hometown:	5-3, Gofuku-cho, Sasayama, Hyogo, Japan.
Birthday:	Born in March 1948
Birth Place:	Sasayama City.

Family

    Father Meiji Tanaka (Born in 1910)
    Mother Hanako Tanaka (Born in 1915)
    Brother Katsuya Tanaka (Born in 1945)
    Sister Momoko Tanaka (Born in 1949)
    Wife Tamao Tanaka (Born in 1948)
    Son Takuya Tanaka (Born in 1975)
    Daughter Rumiko Tanaka (Born in 1977)

Education

1953-1954	Runbini Kindergarten, Izumicho, Hyogo.
1954-1960	Sasayama Public Elementary School, Sasayama Izumicho, Hyogo.
1960-1963	Sasayama Public Junior High School, Sasayama Dekansho, Hyogo. (Baseball club.)
1963-1966	Sasayama Prefectural High School, Sasayama, Kaedecho. Hyogo. (Tabletennis club.)
1966-1970	Depantment of Economics, Kobe University, Kobe, Japan. Mountain climbing club.

Work Experience

 1970 Begin to work for NNN Corporation, Osaka
 1970-1972 Administrative staff member, Osaka.
 1973-1980 Sales staff member, department of domestic sales,

Osaka branch.

1981-1985 Staff member, department of production planning, Osaka.

1986-1989 Supervisor, shipping department, Osaka.

1990-1995 Overseas sales manager, Osaka.

My formen bosses in NNN Corporation:
Mr. Akio Kawanishi, Mr. Teiji Shiomi, Mr. Naomi Yamamoto, Mr. Nobuaki Kouri, Mr. Taijiro Naniwa, Mr. Hiroshi Kawaji. Mr. Yutaka Nakanishi.

1998, Started a new business, Maple Corporation, Takarazuka, Japan.

Marriage: I married Tamao Hashiguchi at Kyoto Hotel in 1975.

Match maker: Kaoru Joh, (one of my former supervisors at NNN Corporation.)

My house: I bought our new house at Kobe in 1989.

Hobbies: Senryu, table tennis, traveling, and reading.

My dream: I want to travel overseas with my wife after I retire.

Document list

1. Birth certificate:
Ichiro Tanaka, January 29, 1948, 5-3, Gofukucho, Sasayama, Hyogo.

2. Marriage certificate:
Ichiro Tanaka, Tamao Hashiguchi, May 20, 1975, at Kyoto Hotel.

3. Receipt for a wedding ring:
¥300,000 from the Hankyu Department Store, Osaka, October 10, 1975.

4. Driver's license:
Ichiro Tanaka, issued January 1974.
5. Diplomas:
Sasayama Prefectural High School, 1966.
BA, Economics, Kobe University, 1970.
MATESL, St. Michael's College, Vermont, 1997.
6. Newspaper Article:
Asahi Newspaper, Jan.21, 1960.
7. Letters:
From my daughter, January 21, 1997, and my mother, February 1, 1965.
8. Bank statements:
Three papers.
9. Form 1040A (Individual income tax returns, 2000)

（和文）　田中一郎
故郷：　　　兵庫県篠山市呉服町5丁目3番
誕生日：　　昭和23年3月（1948年3月）
誕生地：　　篠山市
家族構成：
　　　　　　父　　田中明治（1910年生まれ）
　　　　　　母　　田中花子（1915年生まれ）
　　　　　　兄　　田中勝也（1945年生まれ）
　　　　　　妹　　田中桃子（1949年生まれ）
　　　　　　妻　　田中玉緒（1948年生まれ）
　　　　　　長男　田中拓也（1975年生まれ）
　　　　　　長女　田中留美子（1977年生まれ）
学歴
　1953-1954　　兵庫県泉町ルンビニ幼稚園卒業
　1954-1960　　兵庫県泉町篠山小学校卒業

1960-1963	兵庫県篠山市デカンショ町、県立篠山中学校卒業、野球部
1963-1966	兵庫県篠山市カエデ町、県立篠山高校卒業、卓球部
1966-1970	兵庫県神戸大学経済学部卒業、山岳部

職業経験
1970	NNN 株式会社に勤め始める
(1970-1972)	大阪支店事務課
(1973-1980)	大阪支店、国内販売課、営業担当
(1981-1985)	大阪支店、生産企画部
(1986-1989)	大阪支店、貿易船積課、主任
(1990-1995)	大阪支店海外営業部課長

NNN株式会社の上司：
　　　　　　　川西章夫、塩見禎而、山本直躬、郡信明、浪花泰次郎、河路博、中西豊

独立：	1998年メープル株式会社設立、兵庫県宝塚市
結婚：	1975年京都ホテルにて、橋口玉緒と結婚
仲人：	NNN 株式会社、元上司城馨氏
家　：	1989年神戸に家を購入
趣味：	川柳、卓球、旅行、読書
夢　：	退職後妻との海外旅行

書類リスト
1．出生届：　田中一郎、 1948年1月29日
　　　　　　兵庫県篠山市呉服町5－3
2．結婚証明：田中一郎、橋口玉緒
　　　　　　京都ホテルにて、1975年5月20日
3．結婚指輪の領収書：
　　　　　　1975年10月10日 300,000円、大阪の阪急百貨店
4．自動車運転免許証：
　　　　　　田中一郎、1974年1月発行

5．卒業証書：
>　　　　1966年県立篠山高等学校
>　　　　1970年神戸大学経済学部
>　　　　1997年アメリカ合衆国バーモント州セントマイケル大学、英語教授法修士

6．新聞記事：1960年1月21日付、朝日新聞
7．手紙：　　1997年1月21日付娘より、1965年2月1日付母より
8．銀行書類：三通
9．様式1040A（個人所得納税金還付、2000年）

1-7. 自己年表の作成（My Time Tables）

　自分の「英文自分史」用の「英文履歴書」が作成できれば、次に自分の年表を作りましょう。年表に必要な代表的事項は、誕生、入学、就職、結婚、肉親の死などですが、その時々の自分に起こった出来事と同じ時期に起こった、社会の出来事（日本と世界）を並列することで、自分がどのような社会背景で生まれ育ち活躍したかが、読者にとって客観的に分かるようになります。要するにどの時代の人であったかが、読者の人々に明確になるからです。この年表は、英文自分史であれ和文自分史であれ、本の最後「Appendix」の中に付けることも可能です。

　次の年表を参考にして下さい。

年表サンプル：
Time Table

Year	My life	Japan	World
1945	Born in Tokyo.	Japan accepts the terms of the Potsdam Declaration.	Atomic bombs dropped on Hiroshima and Nagasaki.
1952	Entered Noto Elementary School.	San Francisco Peace Treaty was signed.	Albert Schweitzer won Nobel Peace Prize.

PART 1 準備

1958	Graduated from Noto Elementary School.	Construction of Tokyo Tower completed.	Alaska became 49th state of the U.S.
1958	Entered Kanazawa Junior High School.	JETRO was established.	U.S. nuclear submarine Nautilus passed under icecap at North Pole.
1961	Graduated from Kanazawa Junior High School.	Edwin O. Reischauer became US ambassador to Japan.	Chinese population reached 660,000,000.
1961	Entered Kanazawa High School.	Japanese population reached 95,000,000.	John F. Kennedy inaugurated as 35th President of the U.S.
1964	Graduated from Kanazawa High School.	High-speed Shinkansen (bullet train) trains began operations between Tokyo and Osaka.	Gary Player won the U.S. Open golf Championship.
1964	Entered Ishikawa University. Majored in Economics.	Tokyo Olympic Games held in Tokyo.	Lyndon Baines Johnson inaugurated as 36th President of the U.S.
1968	Graduated from Ishikawa University.	Yasunari Kawabata won the Nobel Prize for Literature.	Martin Luther King, Jr. was assassinated in a Memphis motel.
1968	Joined NNN Corporation. Worked at the Saitama factory.	University upheavals of 1968-1969 began.	Popular songs: Hey Jude, and Mrs. Robinson.
1969	Transferred to domestic sales department in Tokyo.	Sato-Nixon Communique: Agreement reached on the reversion of Okinawa to Japanese sovereignty in 1972.	Apollo 11 Landed on the moon on July 20. Neil Armstrong stepped on the moon on July 21.
1970	Married Momoko Yamada.	EXPO 70 opened in Osaka. Yukio Mishima committed suicide.	Students protested against Vietnam war result in killing of four in the U.S..
1973	First daughter, Miki, was born.	Reona Ezaki shared the Nobel Prize for physics.	Oil crisis occurred.

19

1975	Transferred to Overseas headquarters.	Showa Emperor and Empress visited the U.S.	North Vietnam achieved unification.
1976	First son, Takeshi, was born.	Lockheed scandal; Tanaka Kakuei charged with taking bribes from Lockheed.	Mao Tse-tung died.
1985	Transferred to America NNN Corporation.	First case of AID reported in Japan.	Mikhail Gorbachev elected secretary general of the Communist Party of the Soviet Union.
1995	Returned to NNN Corporation headquarters in Tokyo.	Big earthquake hit Kobe. More than 6,000 people killed.	World Trade Organization (WTO) established as a replacement for GATT.
1995	Miki married Yoichi Naniwa from Kobe.	Subway Sarin Gas Attack 12 passengers and train workers died.	
1999	First grandchild, Sasuke was born at Hyogo City Hospital.	Organ transplant from a brain dead donor was performed.	Nelson Mandela retired as president of South Africa.
2004	Takeshi married Momoko Kori from Osaka.	Japan won 16 gold medals in the Athens Olympic Games.	Tsunami in Asia killeds more than 226,000 people.
2005	Left NNN Corporation.	Koizumi's LDP won big.	Hurricane Katrina struck the Gulf Coast of the U.S. on August 29.

PART 1 準備

年表　サンプル（日本語訳）

年	履歴	日本の歴史	世界の歴史
1945	東京で生まれる	ポツダム宣言受諾	広島、長崎に原爆投下される
1952	能登小学校入学	サンフランシスコ平和条約調印	シュバイツアー博士ノーベル平和賞
1958	能登小学校卒業	東京タワー完成	アラスカ第49のアメリカの州となる
1958	金沢中学校入学	JETRO設立	原子力潜水艦ノーチラス号北極の氷下を通過
1961	金沢中学校卒業	エドウイン・ライシャワー、駐日大使となる	中国の人口6億6千万人をかぞえる
1961	金沢高等学校入学	日本の人口9,500万人となる	J.F.ケネデイー、第35代アメリカ大統領に就任
1964	金沢高等学校卒業	高速新幹線（弾丸列車）、東京―大阪間の運行開始	プロゴルファー、ゲーリープレイヤーUSオープンに勝利
1964	石川大学経済学部入学	東京オリンピック開催	L.B.ジョンソン、第36代アメリカ大統領に就任
1968	石川大学経済学部卒業	川端康成、ノーベル文学賞受賞	マーチン・ルーサーキング・Jr.メンフィスのモーテルで暗殺さる
1968	NNN株式会社入社埼玉工場勤務	大学紛争吹き荒れる	ポピュラーソング：ヘイジュード、ミセスロビンソン
1969	東京支店国内営業部門に転勤	佐藤ニクソン公式声明、1972年に沖縄返還	6月20日アポロ11号月面着陸。ニール・アームストロング、6月21日月面に第1歩
1970	山田桃子と結婚	大阪エキスポ70開催。三島由紀夫自殺	米国で学生のベトナム反戦運動4名死亡
1973	長女、未来誕生	江崎玲於奈氏ノーベル物理学賞受賞	オイル危機

21

1975	海外営業本部へ配属	昭和天皇、皇后、米国訪問	北ベトナム全土を統一
1976	長男、猛誕生	田中角栄、ロッキード疑惑ロッキード社からの賄賂疑惑	毛沢東死去
1985	アメリカNNN株式会社に配属	日本初のAIDS患者報告	ゴルバチョフ、ソ連共産党首に
1995	NNN株式会社東京本社に配属	阪神大震災発生、6,000人以上が死亡	GATTに替わり WTO設立
1995	長女、未来、神戸の難波洋一と結婚	地下鉄サリン事件、乗客乗員12名死亡	
1999	初孫、佐助、兵庫市民病院にて誕生	脳死認定患者からの臓器移植	ネルソン・マンデラ、南アフリカ大統領辞任
2004	長男、猛、大阪の郡桃子と結婚	日本アテネ五輪で16個の金メダル獲得	インドネシア沖津波発生226,000人以上死亡
2005	NNN株式会社退社	小泉自民党大勝利	ハリケーンカトリーナ、アメリカ南部海岸を襲う、8月29日

PART 2　質問に答える（回答例付き）

日本語で自分史を書くのにも大変なエネルギーがいるのに、英文自分史となるとその倍のエネルギーが必要です。自分史を書くに当っては、まずどのような子供時代を過ごしたのか、あるいは、どのような青春時代であったのか。当時を振り返る作業から始まるはずです。それらの記憶を蘇らせる方法として、質問に答える方法があります。質問に答えていくだけで過去の記憶が導きだされる可能性があります。

　以下に約100の質問を用意しました。まず自分の書こうとしている内容に合う質問を選び、答えてください。それをまとめ上げることで英文自分史とすることも可能です。まだ自分の構想がまとまっていなくても、当時を振り返りながら質問に答えていくことで、自分の英文自分史の構想が見えてくるかもしれません。和文自分史用にも利用できますので、結構使い勝手があると思います。そのため、本書にはMemoの欄が設けてあります。本書の記述を参考に、余裕をもって、思いつくままに書いて下さい。最初は日本語のみでも結構かと思います。

2-1. What is your favorite?
　　好きなことは何ですか
回答例：Examples
　　Book（本）　　　　　　　： *Ryoma ga Yuku*（龍馬がゆく）
　　Hobby（趣味）　　　　　： Meditation（瞑想）
　　Dessert（デザート）　　　： Ice Cream（アイスクリーム）
　　Author（作家）　　　　　： Shiba Ryotaro（司馬遼太郎）
　　Sightseeing（観光）　　　： Puerto Rico（プエルトリコ）
　　Foods（好物）　　　　　　： Barbecue（バーベキュー）
　　Song（歌）　　　　　　　： Mrs. Robinson（ミセス・ロビンソン）

—Memo—
_____
_____
_____

2-2. What did you enjoy doing most as a child?
子供の時に好きだったことはなんですか。

回答例：Examples

As a child I enjoyed roller-skating, and going for long walks in the fall with my mother and sisters, and collecting fallen leaves.

子供の時、落ち葉を集めながら姉妹と母と一緒に秋の散歩やローラースケートをするのが好きでした。

―Memo―

_____
_____
_____

2-3. Do you prefer doing it alone or with someone else?
単独行動と集団行動とどちらがいいですか。

回答例：Examples

I preferred doing outdoor activities with friends although there were some things I enjoyed doing alone.

自分1人ですることも好きですが、友人達と野外で遊ぶ方が良いと思います。

―Memo―

_____
_____
_____

2-4. Who named you and why? Did you have a nickname?
あなたの名前はだれがつけましたか、その理由は？　あだ名はありましたか？

回答例：Examples

My mother named Momoko in whishing to be grown up like a lovely peach. My younger brother gave me a nick name, Ch-chan. when he was only 4 years old, and loved his elder sister with that name.

私の母がモモのようにかわいく育つようにと桃子と名前を付けました。それから、弟が私にチーチャンとあだ名を付けました。彼はたった4歳で、この姉のあだ名を気に入っていました。

—Memo—

_____

_____

2-5. Describe your childhood home.

　子供時代の家の様子を説明してください。

回答例：Examples

　I remember it as being lively and noisy at times. My parents worked hard to create a pleasant home environment and taught me and my three siblings strong values.

　それは活気に満ちて時々うるさかったのを覚えています。両親は楽しい家庭を築くため一生懸命働きました、そして4人の子供達に何が重要であるかを教えました。

—Memo—

_____

_____

_____

2-6. What was your favorite room?

　一番好きな部屋はどんな部屋でしたか。

回答例：Examples

　My favorite room was the bedroom I shared with a younger sister, because I could find my own space there that I needed as

a teenager then.
私の好きな部屋は妹と一緒に使っている寝室でした。なぜなら10代の少女にとって、自分の場所を見つけたからです。

—Memo—

_____

_____

_____

2-7. What are your earliest memories of church?
　教会での最初の印象は何ですか。

回答例：Examples

　My earliest memory of church is the sound of the choir singing from a loft suspended above and behind the congregation. I remember believing that I was hearing real angels.
　小さな頃の教会の思い出は聴衆のうしろにいた中2階の聖歌隊の歌声です。本当のエンジェル達の声を聞いたと信じていたのを覚えています。

—Memo—

_____

_____

_____

2-8. Where did your father go to work every day? And what did he do?
　毎日お父さんはどこへ仕事に行っていましたか。そこで彼は何をしていましたか。

回答例：Examples

　My father worked at many construction sites in the city. He was an elevator construction mechanic and worked on skyscrapers.

私の父は、街の色々な建設現場で働いていました。彼は、エレベータの技師として高層ビルで働いていました。)

—Memo—

2-9. Did his work interest you?
　彼の仕事はおもしろそうでしたか。

回答例：Examples

　Yes, his contribution to building several skyscrapers in New york is quite interesting to me. When we visited New York, with our mother, we could see those great buildings our father helped to construct. We are so very proud of his work.

　はい、ニューヨークの高いビル建設に貢献した彼の仕事は私にとり興味のあるものです。私達がニューヨークを母と訪れた時に、彼が建設を手伝ったこれらのビルを見る事ができました。私達は彼の仕事に誇りを持っています。

—Memo—

2-10. Did your mother have a job? Or was she just a housewife?
　お母さんは仕事をしていましたか。それとも主婦でしたか。

回答例：Examples

　When I was very young my mother worked at home. Later, she worked as a secretary close to home. Still later, she took care of the daily operation of a small store my parents owned.

　私が小さい頃、母は家で仕事をしていました。後になり彼女は家の近

所で秘書をやっていました、その後に私の両親が持っていた小さなお店を毎日手伝っていました。

—Memo—

_____

_____

_____

2-11. What was your favorite sport or outdoor activity? Why was this your favorite?

一番好きなスポーツは何でしたか。好きな野外活動は何でしたか。それはなぜ好きでしたか。

回答例：Examples

My favorite outdoor activity was bicycle riding because it gave me the thrill of speed, the challenge of performing dangerous tricks, and the freedom to travel further from my home to explore the world.

私の好きな野外での遊びは自転車に乗ることでした。なぜならスピードのスリルがあり、危険なことにチャレンジできて、家から遠いほかの世界を探検する自由な旅行ができたからです。

—Memo—

_____

_____

_____

2-12. Where was your childhood home located? Did you enjoy living there?

子供の時の家はどこにありましたか。そこでの生活を楽しみましたか。

回答例：Examples

I grew up in the town of Sonobe just out side of kyoto City.

Although the houses were closed together, there was a large park nearby with a play ground and a base ball diamond as well as a beseball ground court, and tennis courts. There were nature tracks and a recreation center games could be played. I enjoyed living there and remember it fondly.

京都市郊外の園部町です。そこで育ちました。住むのに良いところでした。隣同士接近していましたが、近所には遊び場付の大きな公園があり、野球場、バスケットボール、テニスコートもありました。自然歩道もあり試合ができるレクリエーションセンターがありました。私はそこでの生活が好きでした。楽しい思い出と共に覚えています。

—Memo—

2-13. Describe your grandparents. What did you enjoy most about them?

祖父母について説明してください。祖父母についてどんなことが好きでしたか。

回答例：Examples

My maternal grandmother and great grandmother were soft and loving women with great talent in baking and needlework. I enjoyed watching them working and listening to their stories. Grandmother had a wonderful singing voice and was well known for her contributions to musical events. My paternal grandparents lived in the same building as we did, although they had an apartment separated from our part of the house. I remember that my grandfather would play the piano on special occasions in the style known as ragtime. We would have sing-alongs with him. My paternal grandmother was not a

person whom I can love.
Unfortunately, I did not have a chance to develop a close relationship with her, nor do I remember much of her other than her heavily perfumed handkerchiefs.

私の母方の祖母と曾祖母は、穏和でパンを焼くことと針仕事に優れた才能を持った愛すべき婦人でした。私は彼女たちが働いているのを見るのが好きで、また彼女たちが話してくれる物語を聞くのが好きでした。祖母はすばらしい歌声の持ち主で音楽祭に貢献したことで知られていました。私の父方の両親は私たちとは離れの部屋でしたが一緒の家に住んでおりました。祖父は何か特別の時に、ラグタイムとして知られるスタイルでピアノを弾いていました。私たちは彼のピアノ伴奏で歌いました。

不幸にも父方の祖母は尊敬できるような人では有りませんでしたので、彼女とは親しい関係になれず、また彼女のハンカチーフのきつい香水の臭いのほかは、記憶がありません。

—Memo—

2-14. Can you remember being afraid as a boy? What was your greatest fear? How did you deal with it?

少年時代どんなことが怖かったか思い出せますか。一番恐かったことは何ですか。それをどのように処理しましたか

回答例：Examples

My greatest fear was that something could get in my room at night and do something bad to me. As a young child I curled up like a small ball under my blankets.

私がもっとも怖かったのは、夜私の部屋に何かが入って悪さをしたことでした。子供としてやれることは、毛布の下で小さくボールのよう

に縮まっていました。

—Memo—

___

2-15. How far did you have to travel to attend your elementary, junior high, and high school, and how did you go there?

小学校、中学、高校は家からどのぐらい離れていましたか、どのようにして通っていましたか。

回答例：Examples

I walked to my elementary and junior high school. During high school era, I had to travel over an hour, taking two public bus lines and one subway line.

小学校と中学校へは歩いて行きました。高校は公営バスに２回乗り、地下鉄に乗り換えて１時間以上かけて通っていました。

—Memo—

___

2-16. Who gave you your first mitt or ball? And how old were you? When and where did you receive it? How did it influence your life?

誰が最初のミットやボールをくれましたか。あなたはいくつでしたか。　それらをどこでいつもらいましたか。それはどのようにあなたの人生に影響を与えましたか。

回答例：Examples

When I was a child, girls didn't usually get mitts. I did get a nice pink Mizuno glove though. Sports equipment separated the boys from the girls. I would say that was how my life was influenced.

私が子供の頃少女達はミットをもらえませんでした。しかし私はミズノのピンク色のクローブを持っていました。スポーツ用品は、女子用と男子用と分けられていました。このことが私に影響を与えたと言いたいです。

―Memo―

2-17. **Did you go to ball games as a boy/girl? What kind of food did you eat?**
　子供の頃に野球の試合を見に行きましたか。そこで何を食べましたか。

回答例：Examples

I sometimes watched boys playing a ball geme in a park, but I never went to see a baseball game. However, I used to eat Takoyaki or Yakisoba at my home. They were very popular snacks at the baseball game.

私はよく公園で少年達がボール遊びをしているのを見ましたが野球の試合を見に行ったことはありません。しかし、家でタコ焼きか焼きソバをよく食べたものです。それらは野球場では人気のあるスナックでした。

―Memo―

2-18. When you were growing up, did you have any animals? What were their names? Was it important to you to have a pet?

成長していく中でどんな動物を飼いましたか。なんという名前でしたか。ペットを持つのはあなたにとって重要でしたか。

回答例：Examples

I had a dog for only a couple of days, but it was a sick stray and it was taken away. I would have liked to have had a pet, just like Lassie in the television series. Now I have a pet dog and her name is Rosie. She is very important to me.

ほんの数日犬がいましたが、それは病気の迷子でどこかへ行ってしまいました。テレビ番組の「ラッシー」のようなペットなら飼ったかもしれません。今は犬の「ロージー」をかっています。彼女は私にとって非常に重要な存在です。

—Memo—

2-19. Can you tell me about your mother's cooking? Can you recall your favorite meal?

お母さんの料理について説明できますか。また好きな食事を思い出せますか。

回答例：Examples

My mother made the best pancakes, with maple syrup and bacon on the side on Saturday mornings. She was good at cooking. My favorite meal was Virginia ham with sweet potatoes, green beans, and pineapple rings. It was my favorite because it was my birthday dinner which made it very special.

私の母は、土曜日の朝、メイプルシロップとベーコンを添えた一番おいしいパンケーキを作りました。彼女は大変料理が上手でした。私の好きな食べ物は、スイートポテト、グリーン豆、パイナップルリングを添えたバージニアハムでした。好きな理由は、それは誕生日の夕食で特別なものでしたから。

—Memo—

2-20. Did you ever get into fights with others kids? Did you ever start a fight? Or stop one?

ケンカをしましたか。あなたからケンカを仕掛けましたか。それとも止めましたか。

回答例：Examples

I remember getting involved in a fight in elementary school. I felt bad for a very long time afterward. I didn't start the fight. After that I became more of a peacemaker and do believe that I stopped more than one fight by mediating between the opponents.

私は小学校の時にケンカに巻き込まれたのを覚えています。後に長い間後悔の気持ちが有りました。私がケンカを始めたのでは有りません。このあともっとおとなしくいい子になりました。仲裁に入ることで1度ならずケンカを止めたと思います。

—Memo—

2-21. What chores did you have to do when you were growing up? Did you get an allowance? How much was it?

成長していく中で、家のどんな手伝いをせねばならなかったですか。お小遣いをもらいましたか。どのぐらいでしたか。

回答例：Examples

We took turns to clean dishes. Mostly my chores were those to keep my room clean and help lighten Mother's housekeeping tasks. My allowance was very small, and I do not remember how much it was.

順番がきたら食器を洗いました。私の家事の主なものは、自分の部屋の掃除と母の負担を軽くするため、家事を手伝うことでした。お小遣いはほんの少しでした。いくらかはよく覚えていません。

―Memo―

_____
_____
_____

2-22. Who gave you your first job? What kind of job was it? How much money did you make?

誰が最初に仕事をくれましたか。どんな仕事でしたか。いくらもらいましたか。

回答例：Examples

My first job was to work as a waitress at a summer camp in the mountains. The pay was 30,000 yen per 8 weeks including my food and room costs.

最初の仕事は、夏仕事で山のキャンプ場でウエイトレスをしました。食事と部屋がついて8週間で30,000円でした。

—Memo—

2-23. What do you think makes a good friend?
何が良い友人をつくると思いますか。
回答例：Examples

The most important thing is that as friends we accept our faults each other. Being generous and honest will also keep our friendships and we have our time jointly in both good and bad days.
友達として重要なことは、お互いに欠点を受け入れることです。また、寛容で正直であることが友達を続けることができ、良い時も悪い時も時間を共有してくれます。

—Memo—

2-24. Describe your favorite pastime as a child.
子供時代一番楽しかった時を説明してください。
回答例：Examples

I loved to play with paper dress up dolls that were cut out of McCall's, or came in booklets. My favorite was Betsy McCall. She was the prettiest paper doll. I heard I used to cut out the clothing and dress her up and play dolls with her.
私の好きなことは、マッコール雑誌や本の切り抜きで人形に紙のドレスを着せて遊ぶことでした。一番のお気に入りはベッツィー・マッコールでした。彼女は一番美しい紙の人形でした。私は布地を切り取り

服を着せて、彼女と遊んだようです。

—Memo—

2-25. **What pranks did you play on people? How did the results affect you?**

人にどのような悪戯をしましたか。その結果はどうでしたか。

回答例：Examples

That would be when I put a newt in a boy's bed at camp. The next day the boy and his friends caught me and dipped me in the big pot sink in the kitchen.

キャンプである少年のベッドに悪戯でイモリを置きました。次の日、その少年と彼の仲間は私を捕まえて台所の大きな水がめに入れました。

—Memo—

2-26. **Did you have a TV when you were young? What was your favorite program? Why?**

若いときにテレビがありましたか。好きな番組は何でしたか。なぜですか。

回答例：Examples

My favorite program was Zorro. He was a hero, a fabulous Spanish American cowboy who saved the peasants from the cruelties of the imperialist Spanish landowners. He had a shiny black horse, a loyal sidekick, and a secret hiding place in a cave.

好きな番組はゾロでした。彼は英雄で農民を帝国主義のスペイン人地主の残虐性から救った素晴らしいスペイン系アメリカ人カウボーイでした。彼は、秘密の隠れ家の洞穴があり、忠実な相棒がいて、艶のある黒い馬に乗っていました。

—Memo—

2-27. What were some crazy fads from your school days? Did you participate in them?

学生時代に何かに熱中したことがありますか。それらに参加しましたか。

回答例：Examples

They were large plastic rings that could be spun on your waist. If you were good at spinning, you could spin two at the same time by rotating your hips round and round. It was great fun and I enjoyed the competition. Now, so many years later, hula hoops are a fad again.

それは大きなプラスチックの輪を腰のところで回すものでした。回すのが上手であれば、腰を回して同時に2個回すことができました。大変愉快でした、そして競争を楽しみました。今、また長い時を経て、フラフープが再びはやっています。

—Memo—

2-28. Who was your favorite teacher?
How did that teacher influence your life?
一番好きな先生はどなたでしたか。その先生はどうあなたの人生に影響を与えましたか。

回答例：Examples

Ms. Hanako Kubo was a great history teacher. She encouraged my research into the history of Japan. Her influence made me a seeker of historical truth.

久保花子先生は、偉大な歴史の先生でした。彼女は、日本の歴史の調査を指導してくれました。彼女は私を歴史の真実を探る人にしてくれました。

—Memo—

_____

_____

_____

2-29. Did you have a special hideaway?
Will you explain it?
特別な隠れ家を持っていましたか。説明してください。

回答例：Examples

I liked to hide away in the basement of our house. It was cool and had storage closets that contained memorabilia of my parents and grandparents.

私は、私たちの家の地下に隠れることが好きでした。そこは涼しくて、物置があり私の両親や祖父母の思い出の品がありました。

—Memo—

_____

_____

_____

2-30. In high school, what extracurricular activities did you enjoy most? Why did you choose those activities?

高校時代に、課外活動で一番好きなものは。なぜ好きでしたか。

回答例：Examples

Choir was the most enjoyable. I chose it because it was so satisfying and joyful to be a part of such a beautiful musical chorus. I still continue to enjoy singing in groups and have a great appreciation of chorale music.

聖歌隊は最も楽しかったです。そして、美しい合唱団の部員の1人として音楽を楽しみ、とっても満足でした。私はグループで歌を歌うことを続けていて、合唱団に感謝しています。

—Memo—

2-31. What is the best thing you ever did for your mother and father?

両親にしてあげたことで一番のものは。

回答例：Examples

It may sound strange to someone who does not know about my life, but the best thing I ever did for my mother and father was to find courage and happiness in life.

それは私の歴史を知らない人には奇妙に聞こえるかもしれません。しかし、私が母と父のためにこれまでにした最高のものは、人生における勇気と幸せを見つけることです。

—Memo—

2-32. Did you admire a famous person? What makes that person admirable?

有名な人を尊敬しましたか。その人はなぜ尊敬できる人ですか。

回答例：Examples

Martin Luther King Jr. is the famous American I admire. His persistent adherence to the principle of non-violent civil disobedience is what I admire most about him. It helped to bring about an important political change in this democracy.

マーティン・ルーサー・キング・ジュニアは、私が尊敬する有名なアメリカ人です。非暴力的で不服従の粘り強い市民の立場に立った理念が、最も賞賛に値します。それは、民主主義に重要な政治変革をもたらすのを助けました。

—Memo—

2-33. When did you have your first dating? Tell me about it.

初めてのデートはいつですか。それを説明してください。

回答例：Examples

A very nice 16-year-old boy took me out on my birthday date when I was 14 years old. He took me to see "West Side Story", the Broadway musical starring the great Puerto Rican actress Rita Moreno. After enjoing the show he took me to dinner at a famous restaurant named Lundy. I remember wearing a beautiful purple wool coat with a velvet collar and a gold satin lining.

私が14才のとき、非常に素敵な16才の少年が、誕生日に私を連れ出し

ました。彼は、ブロードウェーミュージカルに私をつれて行きました　ウエストサイドストーリーです。偉大なプエルトリコの女優リタ・モレノが主演です。ショーの後、彼はランディーという名前の有名なレストランで夕食を御馳走してくれました。私は、ビロードのカラーと金色のサテンの裏地の美しい紫色のウールのコートを着ていたのを覚えています。

―Memo―

2-34. What do you remember about your first kiss?
　最初のキスについて何か覚えていますか。

回答例：Examples

We were playing-spin the bottles at a birthday party when I was fifteen. When I spun the bottle it pointed to a boy I didn't like and I had to kiss him. Yuck!　But my real first kiss was light and innocent and on the lips of Stephen Purdy, my first infatuation at the age of 15.

私が15歳の時、誕生パーティーでビンを回す遊びをしていました。私がビンを回したとき、それは私が好きでなかった少年を指しました、そして、私は彼にキスしなければなりませんでした。げっ！しかし、私の本当の最初のキスは、軽くてたわいのないものでした。そして、15才の私の最初ののぼせあがった心は、スティファン・パーディの唇の上にありました。

―Memo―

2-35. Did you enjoy reading as a boy? What were some of the best books you read?

少年時代に読書を楽しみましたか。あなたが読んだ一番印象に残っいる本は何ですか。

回答例：Examples

Very much so. My favorite books included *Momotaro, Ryouma ga Yuku,* and *The Sun Also Sets.* I was also fond of the eight book series *Saka no Ue no Kumo.*

たくさんあります。『桃太郎』『龍馬がゆく』『日はまた沈む』。8巻シリーズの『坂の上の雲』も好きでした。

—Memo—

2-36. What were your family finances like when you were growing up? How did that affect you?

成長の過程で家の経済状態はどのようでしたか。それはどのようにあなたに影響を与えましたか。

回答例：Examples

Finances were often a problem for my parents. Father's income depended on the construction market and work ceased in difficult winter seasons. Mother was ill for a number of years and so there were doctors and other medical expenses. We never suffered from hunger or want though. My own childishness caused me to suffer envy for want of fashions that my family of six could not afford. I learned to do without, and later in life to make the most of what I had by being creative, making some of my own clothing, and shopping for bargains. I hardly ever pay retail prices for clothing even though I can afford to. I also do not throw good clothing away. I donate to community clothing stores where the clothing is given away or sold for a very modest fee.

経済状況はいつも両親を悩ましました。父の収入は建設市場に影響を受け、冬に仕事がなくなりました。母は何年も病気でお医者さんと薬の出費がかさみました。私たちは飢餓と渇望にはさらされませんでした。私自身の子供ぽっさからファッションに対する欲望にさいなまれましたが、6人家族では欲望を満足することはできませんでした。何もなくてもやっていけることを学びました。人生の後半になり創造力を駆使して、自分で服を作ったり、バーゲンセールで買い物したものがほとんどです。買うお金があっても定価で服を買うのはできませんし、また着れる服を捨てることもできません。安価で売っていたり、無償提供している地域の古着屋へ寄附します。

—Memo—

2-37. When did you first learn about sex? Would you recommend the same for young people today?

セックスについて最初に何を学びましたか。今日の若者に同じことを薦めますか。

回答例：Examples

I first learned, through religious teaching, that sex was sinful unless it was done in marriage. All the excitement of adolescent sexual feelings must be repressed until marriage. These teachings were very bad because they attached guilt and shame to very special feelings, making it impossible to stay in a relationship with a boy for any length of time. Sexual feelings were also never to be talked about. My parents were prudish, and we did not talk about sex in our home. I do not recommend this kind of teaching today. I would teach my own daughter about her body and feelings as well as awareness of health consequences if she engaged in unsafe sexual behavior.

最初に性について学んだのは宗教の時間でした。結婚するまでは性交渉は罪で有ると学びました。年頃の性的な興奮は結婚まで封印するべきです。この教えは大変悪い教えでした、なぜなら特別な感情に対する羞恥心と罪悪感で、男性と少しの間でも交友を続けるのが不可能になったし、性への感情を話題にすることもなくなりました。私の両親は道徳に厳しくて、家で性について話すことはありませんでした。今日ではこの種の教えをすすめることはできません。もし私の娘が危険な性交に関わったら、私は自分の娘に彼女の体と感情、同時に健康への配慮について教えます。

—Memo—

2-38. As a teenager did you rebel against your parents? How do you feel about that now?

10代の時に両親に反抗しましたか。それを今どのように感じていますか。

回答例：Examples

I did rebel against my parents and did things they did not approve of. Today I understand their concerns. I would do most of the same things over again, especially staying after school to hang out with my friends. One thing I would change is that I would not smoke.

両親に反抗しました。彼らが認めなかったことをしました。今になり

彼らの心配が理解できます。私は同じことを繰り返ししていました、特に放課後、友人達とだらだらと長い時間過ごしたことです。一つ変わったことはタバコを吸わなくなったことです。

—Memo—

2-39. List three things you wish you had done during your junior high and high school years?

中学高校の時に成し遂げたかったことを3つあげてください。

回答例：Examples

I wish I could have stayed stayed in the swimming club, gone to more dances, and found a good science and math tutor so that I could have been successful in these subjects.

水泳部に居たかったこと、もっとダンスをしに行きたかったこと、そして理科と数学のよい家庭教師を見つけることができたら、これらの学科はうまくいくはずでした。

—Memo—

2-40. What did your family like to do on weekends? Describe one particularly memorable weekend?

週末にあなたの家族がよくやっていたことは何ですか。はっきり覚えていることを一つ説明してください。

回答例：Examples

On weekends we had breakfast together, did our household chores, and went out to play in the park or on the street. We knew many street games. For a while we helped Father as he remodeled our house. On Sunday, we went to church, but not as a family. We children went separately and sat with the nuns according to what grade we were in. Parents sat in a different section. Mother always had Sunday lunch ready by 2:00 in the afternoon so that she and Father could rest and read a Sunday newspaper. One particularly memorable weekend was when we went to Coney Island, and I got to ride on the jet coaster. I also remember the giant slide. We went to Coney Island once each year.

毎週末、私たちは一緒に朝食をとり、家事をこなし、公園や通りへ出かけました。私たちは多くの道端でする遊びを知っていました。ある期間、私たちは父が家の改修をするのを手伝いました。日曜日には、私たちは教会へいきました、しかし家族単位では有りません。私たち子供は別々に行き、学年別にシスター達と一緒に坐りました。両親は別の場所に座っていました。母はいつも午後2時までに日曜日の昼食を用意し、母と父はくつろいで日曜日の新聞を読むことができました。1つ記憶にある週は、コネリーアイランド公園へ行き、ジェットコースターに乗った時のことです。大きな滑り台も覚えています。私たちは毎年1回コネリーアイランドへ行きました。

—Memo—

2-41. During childhood, who was your best friend? Share some of your fondest memories of fun times together.

子供時代の一番の友達は誰ですか。一緒に過ごして楽しかった時の思い出をいくつか説明してください。

回答例：Examples

Keiko Okamoto was my best friend. She was a gentle girl and I have found memories of our conversations together, going for long walks, roller skating, and playing street games. She moved away, and I cried my heart out for some time. Her influence on me is that I have always chosen to have gentle women as friends.

岡本恵子さんは私の一番の友人でした。彼女は温厚な少女で、一緒にお話しした楽しい記憶が有ります。長い時間散歩したり、ローラースケートや道ばたで遊んだりしました。彼女が遠くへ行き、私はしばらくの間激しく泣きました。彼女が私に影響を与えたことは、私は温厚な友人をいつも選んできたことです。

—Memo—

2-42. Did you ever keep a scrapbook of photos, autographs, or memories of special occasions? Describe what this meant to you.

スクラップブックに写真、サイン、特別な出来事の思い出を保管していますか。どのような意味があるか説明してください。

回答例：Examples

I kept a scrap book of music and movie stars. This meant a long involvement in childish fantasy romances. The photos are special reminders of people and places.

音楽と映画俳優のスクラップブックを持っていました。それは子供っぽい楽しい夢に長期間ひたれる事です。写真は特別な人々や場所を思い出させます。

—Memo—

2-43. What is your favorite memory of your mother? Why is it so special to you?

お母さんについて一番の思い出は何ですか。なぜそんなに特別なのですか。

回答例：Examples

I remember walking with my mother when she went to see her doctor on a bright sunny day. I saw the doctor give her a shot, and he gave me a candy. Then Mother took me to the park and let me play in the wading pool while she rested, watching me. This memory is very special because it is the only time I can remember having my mother

太陽がまぶしい日に、母のかかりつけのお医者さんへ歩いていったのを覚えています。私は、お医者さんが母に注射をしているのを見ました、そして私に飴をくれました。それから母は、私を公園へ連れて行き、彼女が私を見守って休んでいる間、水遊び場で私を遊ばせました。それは特別な日です、なぜなら私が彼女を独占することができた唯一の時間でしたので思い出すことができます。

—Memo—

2-44. What image of your father is the most striking in your memory? Why that image?

父親のどんなイメージがあなたの記憶に一番残りましたか。なぜそ

PART 2 質問に答える（回答例付き）

んなイメージがあるのですか。

回答例：Examples

I have two images. One is of my father at the beginning of my life and another one at the end of his life. There is a photo of my father and me. It is very small, perhaps 3 cm square. We are both lying on our bellies on a picnic blanket in a park, and we are looking into each others' eyes. We are one.

I remember holding my father on the night he passed away. I am speaking softly to him with my heart. I understand that he is entering his transition out of this life, and I comfort him with words. I am feeding him ice chips with my fingers because his tongue is swollen with thirst and he cannot drink. I am sitting on his hospital bed and holding him in my arms. He is so small now and so fragile. He sinks back into his pillow, and he is at peace and rest. We are one.

２つあります。私が小さかった時の父と、彼の最後の時です。私と父のふたりで写した写真が有ります。それは大変小さな写真でたぶん三センチ四方ぐらいです。公園でピクニック用の敷物の上に私たちが腹ばいになり寝ころんでいます。私たちは互いに目と目を合わせ合っています。私たちは一つです。

父が亡くなった夜に父を抱きしめた記憶が有ります。心から父に優しく声をかけました。彼はこの世から別の場所へ出発しようとしていたのがわかります。私は父に優しく慰めの声をかけました。私は手で彼に氷のかけらを食べさせました。彼の舌は渇きで腫れ上がり飲めないのです。私は彼の病院のベッドに座りながら、手で父を抱きしめています。父は今大変小さく壊れそうです。父は再び枕に沈み込み、平穏で安らかな状態です。私たちは一つです。

—Memo—

2-45. List one special memory about each of your brothers and sisters.

兄弟姉妹それぞれについての特別な思い出を一つあげて下さい。

回答例：Examples

My elder brother, Daisuke: I remember when I was a teenager, Daisuke, who was in college, gave me a novel to read, *"Catch-up"*, and discussed it with me as I read it.

私の兄大輔：私が10代の時です。大学生の兄大輔が私にくれた大人の小説、『キャッチアップ』を思い出します。読んでからそれについて議論しました。

―Memo―

My sister Keiko: We shared a large bedroom as teenagers. Keiko always wanted to sleep in the dark and I always wanted to sleep in the moonlight. We argued all the time about opening and closing the curtains.

私の姉恵子：私たちは10代の時大きな部屋を2人で使っていました。恵子はいつも暗がりで寝たがり、私はいつも月光の下で寝たかった。私たちはしょっちゅう窓のカーテンを閉めるか開けるかで議論しました。

―Memo―

My sister Hanako: Once when she was home from college, she was awaiting the arrival of her boyfriend who was driving 60 miles to see her. I waited with her for a long time and he never arrived. The next day she learned that he had been killed in an auto accident. I remember that my parents did not want her to go to his funeral, but somehow I convinced them that it was very important and I would go with her. They relented and I took her. I was able to help her through this very difficult time.

私の妹華子：一旦、彼女が大学から家に帰って来ると、60マイルも彼女に会いにドライブしてくるボーイフレンドの到着を待っていました。私は長い間妹と待っていましたが、彼は来ませんでした。次の日、彼女はボーイフレンドが自動車事故で死んでいたことを知りました。私たちの両親は、妹が彼の葬式に行くことを望まなかったのを覚えています。しかしなぜか、私は、お葬式は重要なもので、私が妹と一緒に行くことを両親に説得しました。両親は優しくなり、私は妹を連れて行きました。私は妹の落ちこんだ時期を助けることができました。

―Memo―

2-46. If you were to find an old toy box in your attic, what toys would you remember most fondly? Why?

屋根裏の古いおもちゃ箱を見つけたとしたら、どのおもちゃが一番思い出深いでしょう。なぜですか。

回答例：Examples

I would have to say my bicycle and roller skates because they added freedom and adventure to my life.

自転車とローラースケートです、なぜなら私の人生に冒険と自由を与

えてくれたからです。

—Memo—

2-47. What kind of car did your family drive?
家族はどんな自動車に乗っていましたか。

回答例：Examples

We had several cars when I was growing up. My father always bought nice used cars. I remember a Corolla and a Sunny sedan because we took long family trips to the country and the beach in both cars.

私の成長過程で、家族は数種類の車を持ちました。父はいつも良い中古車を買っていました。カローラとサニーのセダンを覚えています。なぜなら私たちは田舎や海岸へこれらの車で長距離ドライブをしたからです。

—Memo—

2-48. Did you ever go to a dance? Tell me about it.
ダンスにいきましたか。それはどうでしたか。

回答例：Examples

I remember most going to a Youth Dance with my sisters and Sal Mineo was singing. He was a recording star then, and he signed an 8×10 black and white photograph for me. Wow!

私は、女兄弟と一緒に若者達のダンスに行っていたのを覚えています、そしてサル・ミネオが歌っていました。彼はその時レコード歌手のス

ターで、8×10の白黒の写真にサインをしてくれました。やった！

—Memo—

___

___

___

2-49. Did your family attend family reunions? What activities did everyone enjoy? Tell me about your favorite cousins, aunts, or uncles.

家族は親戚の集まりに参加しましたか。皆はどんなことをして楽しんでいましたか。好きないとこ、おばさん、おじさんについて説明してください。

回答例：Examples

I only remember one family reunion. We played badminton and volleyball and ate lots of food. I only had one aunt (Emma), my mother's sister, and I didn't like her although I loved her hat collection though, taking every opportunity to try them on and pose in front of the mirror. I am still a hat person. My favorite uncle was my godfather (Raymond) who was married to Emma. He was always kind to me and sensitive.

私は1度だけの親戚の集まりを覚えています。私たちはバドミントンをしてバレーボールをしてそれからたくさん食べました。私は母の姉である叔母のエマを覚えているだけです。私は彼女の帽子のコレクションが好きでしたが、彼女は好きになれませんでした。機会が有ればいつもそれらの帽子をかぶって鏡の前でポーズをとりました。私は今でも帽子が好きです。私の好きな叔父はエマと結婚した後見人のレイモンドです。彼は何時も私に優しく気配りができる人でした。

—Memo—

___

___

2-50. **When you were young, did you ever go to a funeral? How did that affect you?**

若いときにお葬式に参加しましたか。それはどのような影響を与えましたか。

回答例：Examples

The first funeral I went to was for a school friend's parent. I think this experience took away my fear of seeing a dead person in an open casket.

私が行った最初のお葬式は、学校の友人の親のものでした。この経験は棺桶の中の死んだ人を見る恐怖を克服したと思います。

—Memo—

2-51. **If you had brothers and sisters, did you feel your parents treated you all the same?**

もし兄弟、妹姉があれば、両親はあなたを平等に扱ったと感じましたか。

回答例：Examples

I don't think any one is capable of treating each child the same, and my parents did treat us differently. One reason was gender; my brother certainly had much more freedom at a much earlier age. Chores were also defined by gender. Each child has their own personality and that affects how the parents are toward them. My two sisters were so close in age that they were a team and had more freedom than I did. They also protected each other from trouble. I was a baby and had the least freedom.

私はどんな人間でもそれぞれの子供を平等に扱えるとは思いません。私の両親は私たちを別々に扱いました。一つの理由は性別です。私の兄には、幼い時にはたくさんの自由が有りました。雑用は性別で決められていました。それぞれの子供は特有の個性が有り、それは両親の子供達への接触のしかたに影響を与えました。2人の姉は年齢が近寄っており、チームであり私よりもっと自由が有りました。彼女たちはトラブルからお互いを守っておりました。私は子供で自由が少なかったのです。

—Memo—

2-52. Did your high school have college or vocational education? What field interested you most? What did you want to become when you grew up?

高校は大学をもっていましたか、それとも職業訓練がありましたか。どの分野に興味がありましたか。大人になったら何になりたかったですか。

回答例：Examples

No, I don't believe we did. I had some desire to become a nurse when I was a young girl, but my science and math grades were poor.

いいえ、なかったと思います。学校は高校だけです。若いときは看護師になりたかったのですが、科学と数学の点数が悪かったのです。

—Memo—

2-53. If you went to a trade school to prepare to work in a trade, where did you go and why?

就職準備としての実業学校に行くとして、どこに行きたかったですか。その理由はなんですか。

回答例：Examples

If I could go to a trade school I would have joined a nurse school in NY.
Because I knew there were many poor sick people in NY. and I wanted to help such people. I belived I could help sick people well as a nurse.

私は実業学校に行くことができるならば、私はニューヨークの看護師学校に行きたかった。ニューヨークには貧しい病気の人が沢山いたからです。私はそのような人々を看護師として助けることが出来ると信じていました。

—Memo—

2-54. Where did you live when you were going to college or developing a career?

大学へ行こうとした時や職業訓練を受けようとしたときは、どこに住んでいましたか。

回答例：Examples

I lived in the country and had to travel 3 hours from school on weekends. What was unforgettable for me was the amount of at home assignments I had to complete each week before returning to school, the diverse people I met there, and the knowledge I accrued.

田舎に住んでいて週末には3時間かけて学校から帰りました。忘れられないのは、次の授業まで毎週たくさんの宿題を片付けねばならなかったこと、そこでいろいろな人に出会ったこと、そして知識を得たことです。

—Memo—

2-55. **If you learned to play a musical instrument, tell me your memories of lessons, practice, and music teacher. If not, what instrument did you want to play and why?**

楽器を学んだとしたら、クラスや練習や先生の思い出について話してください。もし学んでいなかったら、どんな楽器をやってみたかったですか。なぜですか。

回答例：Examples

I learned to play acoustic guitar while I was at a camp job. One of the staff taught me chords so that I could play simple folk songs.

キャンプでの仕事をしている時、アコーステイックギターを習いました。1人のスタッフがコードを教えてくれたので、簡単なフォークソングをひくことができました。

—Memo—

2-56. **What were your youthful goals and ambitions for life? Which ones have been able to fulfill?**

若いときの人生の目標や希望は何でしたか。そのうち何を達成しま

したか。

答例：Examples

I did become a mother and I did find work in the healing arts as a counselor.

私は母となり、カウンセラーとしての癒しの芸術とも言える仕事を得ました。

—Memo—

2-57. How did you know that your wife was the "one and only one" for you? How did you know?

あなたにとって妻は唯一の存在でしたか。どうしてそう思いますか。

回答例：Examples

I just believed it. My first and the second marriages ended in divorce. Perhaps I was mistaken in my beliefs.

私はただ信じました。私の最初と2回目の結婚は、離婚に終わりました。たぶん私は思い違いをしていたのです。

—Memo—

2-58. Do you remember his words for proposal?

彼のプロポーズの言葉を覚えていますか。

回答例：Examples

Only one word, "I want you to to get married to me." I felt his true heart in his blunt word.

たった一言、「結婚してほしい」。ぶっきらぼうなその言葉に私は真心

を感じ取りました。

—Memo—

_____

_____

_____

2-59. Tell me about your wedding day. What happened? How did you feel? Were you nervous, scared, or happy?
　結婚式について話してください。なにが起こりましたか。どう感じましたか。緊張しましたか。怖かったですか。幸せでしたか。

回答例：Examples

　My first wedding day was not very happy because my family wasn't there. My second wedding day was very happy, carefree, and filled with family and friends.

　最初の結婚の日は、幸せではありませんでした。私の家族が参加しなかったからです。2回目は大変幸せで心配事もなく家族や友人でいっぱいでした。

—Memo—

_____

_____

_____

2-60. Where did you go on your honeymoon? Describe at least one humorous thing that happened to you and your wife.
　新婚旅行はどちらへ行きましたか。あなたにそして妻に起こった微笑ましい出来事を一つ説明してください。

回答例：Examples

　We drove across the United States from New York to California, camping at state parks. One humorous thing that happened was losing a tooth cap when I bit into a piece of

Peking duck.

私たちはニューヨークからカリフォルニアへ横断ドライブし各州の公園でキャンプしました。一つおもしろかったのは、北京ダックをかんだ時に歯のかぶせをなくしたことでした。

—Memo—

___

2-61. Describe where you and your wife lived after you got married. What was the view like from the kitchen window?

結婚してから夫婦でどこに住んでいましたか説明してください。台所からの眺めはどのようでしたか。

回答例：Examples

We lived in the center of New York City and our kitchen view looked out at the backs of other brownstone buildings and small backyards where dogs barked and flowers and vegetables grew.

私はニューヨークの中心街に住んでいて、台所の景色は茶色の石でできたビルの裏手が見え、小さな裏庭で犬の鳴き声が聞こえお花と野菜が育っていました。

—Memo—

___

2-62. When did you and your wife start talking about having children? Why did you want children?

子供を持つかどうか話し合いを始めたのはいつですか。なぜ子供がほしかったのですか。

回答例：Examples

My husband and I talked about it before we married and age was a major consideration in having a child immediately.

主人と子供を持つか結婚前に話し合いました。すぐに子供を持つのには年齢が1番の気がかりでした。

—Memo—

2-63. If you could go anywhere in the world on a second honeymoon, where would you go? Why?

第2のハネムーンで海外旅行ができたとしたら、どこに行きたかったですか。なぜですか。

回答例：Examples

Vieques, a small island off the coast of Puerto Rico in the Caribbean Sea. It is quiet, slow and beautiful.

カリブ海のプエルトリコの沖合にある小さな島ビキェスです。静かでゆったりと時間が流れ美しい所です。

—Memo—

2-64. What do you love best about your wife now?

いま妻のどんなところが1番好きですか。)

回答例：Examples

She is always kind to me and she takes care of our children.

彼女はいつも私に親切で、子供たちの面倒をよく見ます。

―Memo―

2-65. Tell me about your family summer outings when you were young. Did you go camping? Fishing? Swimming?

若いとき、家族で外出した夏の出来事について話してください。キャンプへ行きましたか。釣りですか。水泳ですか。

回答例：Examples

We had a lot of outings on Sundays. Especially I remember we went to the beach in Kobe where we played in the sands making castles and several kinds of animals. My sister was good at making sand houses.

私たちはひんぱんに日曜日に外出しました。特に私は神戸のビーチへ行き、そこで砂遊びでお城や色々な動物を作ったことを覚えています。私の妹は砂の家を作るのが上手でした。

―Memo―

2-66. Did you travel abroad? How old were you and where did you go?

海外旅行はしましたか。何歳の時ですか。どこですか。

回答例：Examples

Between the ages of 14 and 17, I traveled across Canada from Montreal to Vancouver by train, and to Mexico by car.

14歳から17歳の間に、モントリオールからバンクーバーまで、鉄道でカナダを縦断しました。メキシコへは車で旅行しました。

―Memo―

2-67. Who is the most interesting person from another country whom you have ever met? What did this person help you learn about their culture?

あなたが会った外国人でもっとも興味があるのは誰ですか。彼らの文化について学ぶのにどのように助けてくれましたか。

回答例：Examples

I met Hsaing Ming Han, an artist from Taiwan, in 1977. He invited me to his home and to neighborhood restaurants where I met several Chinese nationals and friends from the artist community in New York City. I was able to share in a feast that the women there created. I learned how warm and friendly these Chinese were. In Han's artist loft, I was able to learn one of his painting techniques.

私は台湾の芸術家シン・ミン・ハンに1977年に逢いました。彼は家に招待してくれて近所のレストランへ連れて行ってくれました。そこでニューヨーク市の芸術家達のコミニティーからきた友人達と数名の中国国籍の人に会いました。私は女性達が企画した祝宴に参加できました。これらの中国人の暖かさと親しみを知りました。彼の屋根裏の仕事場で、私はハンの絵画の手法の一つを学びました。

―Memo―

2-68. If you served in the armed forces, describe how your time in the service affected your life. If you did not serve, how did this affect your life?

もし軍隊に入隊していたら、その時間がどう人生に影響を与えましたか。もし入隊していなかったら、人生はどう変わっていたと思いますか。

回答例：Examples

Since I have never gone into an army, I did not felt it, but I would probably have spent each day as a very painful and empty one. But since I am a conscientious objector against enlistment, even if I were asked for enlistment, I would obviously have refused it.

軍隊に入ったことがないのでわかりませんが、多分、苦しくてむなしい日々を味わうことになるでしょう。もっとも、私は、良心的兵役拒否者ですから、入隊を求められても、当然拒否します。

—Memo—

_____
_____
_____

2-69. Did a tragedy ever strike your family? If so, how did it affect you?

悲劇があなたの家族を襲いましたか。もしそうなら、それはどのようにあなたに影響を与えましたか。

回答例：Examples

When I divorced my husband, I was grief-stricken because we were unable to reconcile our differences. I was sad for a long, long time. It was a tragedy because it tore our family up into three parts.

私が主人と離婚したとき、ひどく打ちのめされました。なぜなら私たちは違いを埋めることは不可能でした。悲しみは長く続きました。それは悲劇で私達3人家族は引きさかれたのです。

—Memo—

2-70. What is the best movie you have ever seen?
あなたが見た一番の映画は何ですか。
回答例：Examples

It is certainly not the best I've seen, but "The Princess Bride" is my favorite movie because it is full of magic and fantasy. I'd love to play the Princess because she is brave and sticks to her principles.
私が見た中で一番だとは確信がないですが、好きな映画はプリンセス・ブライドです、なぜならいっぱい手品があり、幻想的です。プリンセスを演じたかった理由は、彼女は勇敢で自分の人生観に忠実だからです。

—Memo—

2-71. Did you ever go to a summer camp?
サマーキャンプに参加しましたか。
回答例：Examples

Yes, I took part in a summer camp.
One unforgettable memory is that of making a campfire at midnight and sharing soup and beef sandwiches among friends

because our religion prevented us from eating meat on that day before midnight.

はい、私は夏のキャンプに参加しました。一つ忘れられない思い出は、深夜にキャンプファイヤーを作り、友人達と肉入りサンドウイッチとスープを食事にしました。その日は肉を食べることが我々の宗教では禁止されていたから深夜まで待っていたのです。

—Memo—

2-72. Is there any one book or author who helped you to develop a philosophy of life? Can you share some of those insights?

人生観に影響を与えた本または著者はありますか。それらの内容について話してください。

回答例：Examples

"Beware the man of one book" by Thomas Aquinas.

Many books, authors, and teachers have helped me to develop a philosophy of life that is both simple and complex. Briefly, it is to be of service, bring peace, and be loving.

それは、トーマス・アクィナスの『本の男に気をつけろ』です。

たくさんの本、著者、先生達が、単純にそして複雑に、私の人生観を構築するのに役立ちました。大雑把に言えば、奉仕し、平和をもたらし、愛することです。

—Memo—

2-73. What is your favorite way to spend a day of leisure?

自由時間を過ごすのに何が1番好きですか。

回答例：Examples

I especially like to make quilts and listen to books on tape as I work, drinking tea when I take breaks from quilt making.
私は特にキルトを作ることと、仕事中にテープで本の朗読を聞くのが好きです。そしてキルト作りの仕事から解放されて休んでいるときにはお茶を飲みます。

—Memo—

_____

_____

_____

2-74. **When did you learn how to ride a bike, water ski, ski on snow, roller skate or roller blade, or yacht? Can you share us your memories of these things?**

自転車の乗り方を学んだのはいつですか。水上スキー、雪上スキー、ローラースケートまたはローラーブレイド、ヨットなど。それらの思い出を話してくれませんか。

回答例：Examples

I learned to kayak two years ago when I was 54 years old. My favorite memory is that when my instructor tried to show me how to get out of the kayak; I fell right into the lake. I couldn't stop laughing. Otherwise, the lesson was a great success, and I felt proud of my performance and grateful for the excellent teacher.

2年前のことですが私が54歳の時カヤックを習いました。私の楽しい思い出は、インストラクターが私にカヤックから下りる方法を示してくれた時、私は湖にまともに落ちたことです。笑いがとまりませんでした。一方授業は大変うまく進み、私の操作に誇りを持ちました。先生に感謝です。

—Memo—

2-75. Did you spend time on a farm or in the country? Can you tell me about it.

農場または田舎で過ごした事はありますか。それについて話してくれますか。

回答例：Examples

I lived in the country for many years as an adult. I learned the beauty of nature and all that grows; the animals of the forest and field, as well as the birds and insects that benefit me. It humbles me to know the greatness of the universe.

1人の大人として長い間田舎に住みました。私は自然の美しさを学んでいます。森や平野の動物たち、鳥達や虫たちも、すべての物が育ち、私に利益をもたらしてくれます。宇宙の偉大さを優しく教えてくれ、私の高慢さを諭します。

—Memo—

2-76. What places in the world would you like to visit? Why?

世界の中でどこを訪問したいですか。それはなぜですか。

回答例：Examples

I would like to visit Ireland because my ancestors were from there. It is a place that I have a feeling of kinship and mystery for.

アイルランドを訪れたいです。私の先祖はそこからきました。血の繋

がりとミステリーを感じる場所です。

—Memo—

2-77. Are there any childhood fears that still haunt you? How do you deal with this fear?

子供時代に怖かったことで今でも悩まされていることは何ですか。それをどのように処理していますか。

回答例：Examples

As a child I feared something coming out of the closet into my bedroom. I later learned what triggered this fear and overcame it.

子供時代、私は寝室のクローゼットから私のベッドに何かが入ってくる恐怖がありました。後になりこの恐怖の原因とそれを克服することを学びました。

—Memo—

2-78. Tell about a special outing you took with your father. What made this special for you?

父親と一緒に特別に出かけたことを話してください。特別なものとなりましたか。

回答例：Examples

I especially remember my father holding my hand as he taught me to ice skate. Just the thought of this brings a glow to my heart. My father was not usually physically close to me like that, and so it was a very special time.

私は、アイススケートを教えてくれた時に私の手を支えてくれた父を特別に思い出します。それを考えるだけで胸が熱くなります。普段父はこのように私と親しく接してくれことはなかったので、本当に特別な時間でした。

—Memo—

_____

_____

_____

2-79. As a young person did you volunteer to work in community or social services? Can you tell me about it?

若者として地域社会へのボランテイアや社会サービスのために働いた事はありますか。それについて話してくれますか。

回答例：Examples

When I was young, I could only volunteer to collect money from neighbors for American Heart Association. In my early adult years, however, I volunteered to work in the community with women who were victims of domestic violence.

私が若い頃、アメリカン・ハートアソシエイション（AHA 著名な市民医療団体）のためにご近所からお金を集めるボランテイアができたことぐらいです。それは青春時代ですが、家庭内暴力の女性被害者と共に地域のボランテイア活動をしました。

—Memo—

_____

_____

_____

2-80. When did you move away from home? Can you describe where you lived and how you left?

いつ家から出ましたか。どこに住んでいて、どのように家を離れたか説明してくれますか。

回答例：Examples

My first home away from home was at a girlfriend's home, with her father and brother. It was not very far from my parents' home and it was a private home. There was music in that house and that is what I remember most, someone playing piano, someone playing guitar, and people singing. I was 20 years old and I was glad to have no curfew.

家を初めて離れたのは、女友達の家で彼女の父と兄弟と一緒の時でした。それは私の両親の家からそんなに遠くではなく、個人の家でした。家には音楽が流れていたのを唯一覚えています。誰かがピアノやギターを弾いており、歌声もしていました。私は20歳で、門限がないのがうれしかった。

—Memo—

2-81. What are your spiritual strengths?

あなたの精神的強さはなんですか。）

回答例

I have a good sense of humor. When I had a serious problem, I overcame it with this character.

私はユーモアのセンスがあることです。深刻な問題を抱えた時も、この性格で乗り切りました。

—Memo—

2-82. **What special talents did your parents nurture in you? How have you developed those talents?**

両親から受け継いでいる特別な才能は何ですか。これらの才能をどのように高めましたか。

回答例：Examples

My mother nurtured my talent for sewing. I developed these talents to enhance my living environment and personal appearance.

私の母は私の針仕事の才能を高めてくれました。私は生活環境と身の回りを改善することで、これらの才能を高めました。

2-83. **What talent would you like to develop? Why?**

あなたは、自分のどんな才能を伸ばしたいと思っていますか？それは、なぜ？

回答例：Examples

One thing I would like to learn to do is ballroom dancing. Ever since I first saw Fred Astaire and Ginger Rogers in the movies, I have appreciated the beauty and fluidity of this type of dance. It still holds a very strongly appeals to me.

私がやりたいことの一つは、社交ダンスです。以前映画で初めてフレッド・アステアとジンジャー・ロジャーズを見たとき以来、このダンスの流れるような美しさが気に入りました。現在でも私に非常に訴えるものが有ります。

—Memo—

2-84. What did you enjoy with your mother? Can you share a special time with her?

母親と一緒にいて楽しかったのは何ですか。彼女と一緒にいた特別な思い出の時間はありますか。

回答例：Examples

My mother had always wanted to attend a ballet performance and so, on her 55th birthday, she took me to Lincoln Center in New York City for a performance of *Swan Lake*. The performance was spectacular and it was a very happy day for both of us.

私の母は、いつもバレエをするよう望んでいました。彼女が55歳の誕生日に、私に白鳥の湖の演技を見せるために、ニューヨーク市のリンカーンセンターへつれて行きました。演技はすばらしく、私と母の人生の中でも楽しい1日でした。

—Memo—

2-85. How would you describe yourself?

あなたはどんな人ですか。

回答例：Examples

I believe that I am both tender-hearted and tough-minded.

私は優しい心と強い意志の両方が有ると信じます。

—Memo—

2-86. What kinds of your character do you think to boast to your friends?

あなたは、自分のどんな性格が友達に自慢できると思っていますか。

回答例：Examples

I always try to open my heart to everyone. Owing to this motto, I feel great and spend an optimistic life every day. If I speak about it to my friends, they would say it is my good character.

心をいつも外に向けて開いていることです。この心がけのおかげで、日々を前向きに送ることができると実感しています。このことを話すと友人は「そこがあなたのいいところ」といってくれます。

—Memo—

_____

_____

_____

2-87. What is the most frightening thing that has ever happened to you?

もっとも恐ろしかった出来事は何ですか。

回答例：Examples

Being in a car crash on a highway and forced into the guardrail at the edge of the road may be the most frightening thing that ever happened to me. I remained very calm as I an ambulance took me to a hospital. That is all I remember of the incident.

一番恐かったのは、高速道路の事故でガードレールに衝突したことです。私が救急車で運ばれた時は全く動けませんでした。これが事故で覚えているすべてです。

—Memo—

2-88. Did you have a favorite sports team? Why was that your favorite?

好きなスポーツチームがありましたか。それはなぜ好きでしたか。

回答例

Of course, it is the Hanshin Tigers. The reason behind it is so simple and clear. This professional baseball team is the world's No.1.

もちろん、阪神タイガース。理由は、単純明快、この球団が世界一だからです。

—Memo—

2-89. What responsibilities did your parents require of you as child?

子供として、両親があなたに課した責任は何ですか。

回答例：Examples

My parents required that I do my best at school and my small amount of chores without complaint. They also required I get along with my siblings.

私の両親は、学校では私が最善の努力を尽くすように要求しました。そして文句を言わさずほんの小さな家事をさせました。私の兄弟と仲良くするようにもさせました。

—Memo—

2-90. How an operation and hospitalization by a traffic accident have affected on your view of life?

交通事故の手術と入院は、あなたの人生観にどんな影響を与えましたか

回答例：Examples

I had a surgery that caused me to change my outlook. Do you think I am a strange person? I became more willing to take risks to enjoy life by becoming more involved in outdoor activities such as kayaking, and bicycling. I traveled more and traveled alone.

私は手術を受けそれが私の人生観を変えました。私が変り者でしょうか。人生を楽しむために、喜んで危険を冒すようになりました。カヤック、自転車などのアウトドアスポーツです。旅行も前より多くしましたし1人旅もしました。

—Memo—

2-91. When and where did you buy your first house or piece of real estate?

はじめて自分の家または不動産を買ったのは、いつどこでしたか。

回答例：Examples

My first house was located in the mountains near a stream. It was on a very large piece of land and its significance was one of beginning to feel family roots being established, a great feeling of satisfaction and responsibility.

小川のそばの山の中に位置していたのが私の最初の家でした。大きな土地が有り、家族の始まりをすばらしいと思いました。満足と責任を感じました。

—Memo—

2-92. What is the strangest thing you have ever seen?

今までもっとも不思議なものを見たのは何ですか。

回答例：Examples

The strangest thing I have ever seen was a herd of whales that mysteriously were beached on the shores of the Pacific Ocean in Florence, Oregon, USA.

私が見た不思議な物は、アメリカ・オレゴン州のフローレンスの太平洋岸のビーチで、鯨の群れでした。

—Memo—

2-93. Can you share some of your ideas on how to develop and maintain good physical health?

自身の向上や健康の維持についてアイデアがありますか。

回答例：Examples

（1）Drink 200CC of water every day.
（2）Eat a well balanced diet.

（3）Practice meditation every day.
（4）Eat and drink in moderation.
（5）Follow an exercise program that includes aerobics.
（6）Take a good multivitamin to supplement your food intake.
（1）毎日200CCの水を飲む。
（2）バランスの良い食事をとる。
（3）毎日瞑想をする。
（4）ほどほどに食べて飲む。
（5）エアロビックスを含むエクササイズのプログラムを実践する。
（6）良質の複合ビタミン剤をのむ。

—Memo—

2-94. What is your most vivid memory from your childhood?
　　子供時代の鮮明に記憶がある事は何ですか。）
回答例：Examples

　It is fall and Mother walks with us in the park, collecting perfect leaves that have fallen on the ground. There is the smell of cinnamon and apples as we return home.
　それは秋のことで、母と私は歩きながら公園のグランドに落ちた完全な落葉を集めたことです。私たちが家に帰るとシナモンとリンゴの匂いがしていました。

—Memo—

2-95. What are some things from your childhood that you are thankful for?

子供時代、どんなことに感謝しましたか？

回答例：Examples

Family, school, and holidays.

家族、学校、休日。

—Memo—

2-96. What childhood memory first comes to mind when you think about winter?

子供時代の冬にあった事ですぐに思い出す事は何ですか。

回答例：Examples

The memory of sleighing reminds me of the danger and excitement of winter.

冬のそり乗りの記憶です。危険いっぱい、わくわくする気持ちを思い出します。

—Memo—

2-97. What family customs or traditions would you like to pass on to your children and grand children? Why are they important to you?

孫や子供達に受け継ぎたい家族の習慣や伝統は何ですか。なぜ重要なのですか。

回答例：Examples

Although it is an ordinary matter, sharing our time with my family is most valuable. I think that it is also valuable to take a holiday for my family members in order to tell our family's history to the next generation.

平凡なことですが、一家団欒の習慣です。休日を家族全員でのんびり過ごすことは、次の世代に家族の歴史を伝えていくためにも有意義だと思います。

—Memo—

___

2-98. What is your most favorite field sport? Please teach me the reason why you like it.

最も好きな野外スポーツは何ですか？　その理由も教えてください。

回答例：Examples

The kayak is the best because it opened up a new area to explore, lakes and rivers, while making my body stronger.

カヤックが一番です。なぜなら体を鍛えながら湖や川を探索して新しい場所を見つけることができるからです。

—Memo—

___

2-99. What is your favorite Shogatsu play? Why?

あなたのお気に入りの正月の遊びは何ですか。

回答例：Examples

I remember that I enjoyed Takoage with my friends. on the

other hand, I was also happy that I got a lot of Otoshidama from my relatives.

友人と凧あげをして楽しんだのを覚えています。他方では親戚からたくさんのお年玉をもらったのもうれしかった。

—Memo—

2-100. What was your father's attitude toward life and how did that affect you?

父親の人生感について、それはどのようにあなたの人生に影響を与えましたか。

回答例：Examples

My father showed his love of family by working to provide for us. He was honest and true to my mother. He was faithful to his parents even though they neglected him as a child. He took care of them. He gave his employer an honest day of work for a day of pay. I think he was proud of his work, and I know I was. Because of him, I came to know, understand, and practice living in the same way.

私の父は、私たちのために仕事することで家族愛を示しました。彼は正直で母に嘘はつきませんでした。彼は、子供時代に両親から無視されても両親に忠実でした。彼は両親を世話しました。彼は、日当に値する仕事を忠実にこなしました。私は彼が仕事に誇りを持っていたことを知っています。彼について知るようになり、理解もし、彼と同じ生活方法を実行するようになりました。

—Memo—

2-101. What would you like to see happen in the next ten years of your life?

あなたの人生で、次の10年で見たい出来事は何ですか。

回答例：Examples

In my life I would most like to see an affordable non-polluting car, and in the world, full cooperation in protecting the planet from the greenhouse effect and peace in every country.

私の人生で手ごろな値段の無公害の自動車を見たいのが一番です。そして温暖化から地球を守るための共同事業とすべての国の平和です。

—Memo—

2-102. As you look back in life, can you name three of the most fantastic changes that have taken place in the world? How have these affected your life?

あなたの人生を振り返って、世界で起こった重要な変化を3つあげてください。それはあなたの人生にどう影響をあたえましたか。

回答例：Examples

Landing a man on the moon, but unfortunately I perceive this as opening the door to leaving human trash in space. Cable television has made it so much easier to receive programs from abroad. Mobile phones have been a wonderful advancement in communication.

月面着陸、不幸にもドアを開き人間のゴミを宇宙へ捨てるのを感じました。ケーブルテレビは外国からの番組を簡単に見ることを可能にしました。携帯電話はコミュニケーションに優れています。

—Memo—

2-103. What is your favorite way to spend the rainy season?
梅雨時の過ごし方で好きな事は何ですか。

回答例：Examples

A rainy day is a day to go and watch a movie in a movie theater, or stay home to read a good book.

雨の日は映画館へ映画を見に行ったり、家にいて良い本を読んだりする日にしています。

—Memo—

　以上が質問とサンプル回答例です。回答例は読者の皆さんのケースに必ず合致するとは思えません。なぜなら、一人ひとり歩んできた歴史や環境が違うからです。しかし、読者の皆さんが昔を思い出すきっかけになれば幸いです。

PART 3
英文自分史に必要な英語基本知識

英文を書く場合一般的に言われていることは、
　1．易しい単語を使って、端的に書くこと（シンプルに書く）。
　2．長い文章はさけること。
　3．具体的に書くこと（分かり易く書く）。
　4．1つの文章で1つのことを書く（一文で複数の用件を書かない）。
以上です。
　これはあくまで英文を書く場合の基本的な知識です。しかし英文を書く場合には、その目的により多少違いが出てきます。例えば、「英文履歴書」などは非常に簡潔に書くため、主語の「I」を割愛するとか、アクション動詞を採用するなどの特殊な場合があります。英文自分史の場合は、主語の「I」は必要となるでしょう。

　以下に、必要な英文法を含む基礎知識8つのポイントを掲げますので参考にしてください。

3-1.　「英文自分史」4箇条

　「英文自分史」を書く場合の4箇条を以下に書いてみます。
　1．主語「I」「My」で始まる文章を連続して多用しない。
　　　皆さんはお分かりだと思います。このように連続して使用すると、ワンパターンの文章で読者が読む興味を無くしてしまいます。
　　例：
　　「I」was the fifth child.　「I」learned to drive.　「I」drove a Toyota.
　　「My」room was small.　「My」cat was named Momo-chan.「My」mother was short.
　　　筆者の考えですが、ノンネイティブである我々日本人にはこれは難しい事ですので、特に気にする必要はないと思います。しかし可能な限り避けるようにしましょう。
　2．長い文章や長いパラグラフはさけて、できるだけ口語文で書く。
　　なぜなら長くなればなるほど読みにくいものになります。

3．凝った単語や難しい単語を使用しない。できるだけやさしい単語を使う。

例：

Passed away や succumbed より died。

conflagration より fire。

4．専門用語を使う時は、読者のために説明文を入れる。

基本的には「自分史」は自分のためのものですが、子供や孫が読む場合もあります。

業界や専門が違うと、そこで使われている用語が他の人にはわかりにくいのです。

いわゆる、専門用語（technical terms）と言われるものです。日本語でも同じことが言えるように、専門用語は避けたほうが賢明ですが、使う場合は説明文を入れることです。

以上が「英文自分史」を書くに当たっての基本的な注意点です。

3-2．代名詞（主語）の人称

日本語では、主語を割愛して文章を書く場合がありますが、英文自分史は主語が読者に分かっていても必ず1人称の「I」を使用します（英文履歴書は例外です）。自分を他の人称で書く場合は、「We」「He」「She」「They」「Them」などの代名詞を使用する場合もあるでしょう。日本語の場合は主語を割愛してもおかしくはないですが、英語の場合は必ず主語が必要です。但し年表などのタイトルやそこでの簡単な説明は例外です。

例：

(1) I had to go to the factory to help my family.
　　私は家族を助けるために工場へ行かねばならなかった。

(2) I went in feeling pretty frightened because I knew it was a graveyard.
　　私は怖くなりました、そこはお墓であることを知ったからです。

(3) My mother used to sit on the floor sewing.
私の母は、よく床に座って編み物をしていた。
(4) I have no regrets in my life.
私の人生に悔いなし。
(5) He was on the point of starting on a journey.
彼は、旅行に出かけようとしていた。
(6) I had a great deal of difficulty in finding my way home.
私は、帰り道が分からなくて大変に困った。

3-3. 動詞の過去形（Simple past tense）

英文自分史の英語は当然過去の事柄について書くわけですから、この過去形が中心になるはずです。動詞の規則動詞、不規則動詞にさえ注意すれば問題はないと思います。

他の注意点では、動詞でも名詞でも同じですが、あまり高級な単語を使わないことです。簡単な動詞を使用しましょう。

3-1.で紹介した例を再度申し上げますが、死亡という言葉は passed away や succumbed よりは died。passed away は、敬語的で客観的なニュアンスの強い言葉ですので、身内の死には使用しない方がベターです。succumbed は難しい単語です。

名詞では conflagration より fire がベターです。

例：

(1) I was born on June 20, 1948, the son of Taro and Momoko Tanaka, at Sasayama, Hyogo.
私は、兵庫県篠山市で1948年に父田中太郎と母桃子の間に、男の子として生まれました。

(2) The year I turned ten, my mom made a ten layers high cake.
私が10歳の誕生日に、母は10層の高さのケーキを作りました。

（3）I traveled to Thailand in 1990.
私は1990年にタイへ行きました。
（4）My son carried my luggage to the plane.
私の息子は、私のバッグを飛行機に運んだ。
（5）I gave up the idea of going abroad.
外国に行くことを断念した。

3-4. 現在完了（Present perfect tense）

英文自分史で現在の状況を示す場合です。過去に起こった事が現在どうなっているかを説明する場合もあります。
形： have / has + 過去分詞
例：
（1）I have lived in Tokyo for sixteen years since then.
それ以来、私は東京に16年間住んできました。
（2）Keiko has studied at Kobe University for five months.
恵子さんは神戸大学で5ヶ月勉強しています。
（3）We have practiced speaking French for two years.
私たちは2年間フランス語会話を練習しています。

3-5. 過去完了（Past perfect tense）

これは、ある出来事が起こった以前にすでに出来事が起こっていたことを示すものです。過去に起こった出来事を振り返っている時に、その過去で同じように起こった出来事で、同じ過去でもどちらが先かはっきりさせるものに使います。
例：
（1）Unfortunately, the plane had taken off an hour before we arrived at the airport.
不運にも飛行機は私達が空港へ着く1時間前に飛び立っていた。
（2）Yamada had bought a house in Kobe before he joined

NNN Corporation.
山田さんはNNN株式会社へ来る前に神戸に家を買っていた。

3-6. 未来完了（Future perfect tense）
ある未来の一時点ですでに行動や目標が終了しているはずであることを表します。
例：
（1）Tanaka will have skied every trail on the mountain by the week's end.
田中さんは、週末までに山の全てのコースでスキーをすることになるでしょう。
（2）I will have traveled to all the major cities in Asia by the year 2020.
私は2020年までにはアジアの主要都市を全て旅行しているでしょう。

3-7.仮定法過去（Subjunctive past）
この文章は英語自分史ではよく使われる表現です。
「あの時こうしていれば、こうなっていたであろう」などを表現する文章だからです。過去を振り返って、後悔するときに使う文章だといえなくはないと思います。
形：If + had + 過去分詞、 would + have + 過去分詞（could, would, might + 動詞の原型で現在の状態を表する。）
例：
（1）If my mom had said so, I would have done that.
私の母がそう言ってくれていたら、私はそれを行なっていたはずだ。
（2）If I had had the money, I would have taken a vacation.
もし私がそのお金を持っていたら、休暇をとっていたに違

いない。
(3) If I had not studied at Kobe University, I would not have met her.
もし私が神戸大学で勉強していなかったら、彼女には会わなかったに違いない。
(4) If I had left home a few minutes earlier, I should not have got wet.
私が数分前に家を出ていれば、濡れなかった。
(5) If I had studied abroad, I could be able to speak English fluently now.
もし海外留学していたら、今頃英語はぺらぺらだろう。

3-8. 接続副詞（Conjunctive adverb）

　日本語でも文章の流れをよくするためには、沢山の接続詞があるように英語でもあります。日本語で文章の流れをよくする場合には、「さて」「話は変わるが」「ところで」「さらに」「おまけに」「当然のごとく」「なぜなら」「重ねて」「いずれにせよ」「とりあえず」「しかし」「従って」「しかしながら」「けれども」「例えば」「逆に言うと」等々の言葉があります。英語でも日本語と同じく、スムースな英文を書くのには欠かせない用語（接続詞）があります。文章と文章をつなぐ単語ですが、これらを使うと英語でも話が流れるように表現できます。
　例：
　　(1) Accordingly（それゆえに）
　　　Momoko skipped all the business classes and spent the mornings in the park. Accordingly, she was dropped from the course.
　　　桃子は全てのビジネスクラスを欠席し公園で午前中を過ごしました。それゆえに彼女はコースから除籍となりました。
　　(2) Besides（その上）
　　　Yamada and Momoko said that they thought it was

too cold to go to the beach; besides, both of them had colds.

山田さんと桃子さんは、浜へ泳ぎに行くのは寒すぎると思ったと言いました、その上2人とも風邪をひきました。

（3）Certainly（確かに）

Certainly, Mr. Tanaka intended to question all of us again.

確かに、田中さんは我々全てに再度質問をしようとした。

（4）Consequently（結果的に）

Larry defended Yagi with great skills, but the jury was all-white, Southern males, consequently, Yagi was found guilty of raping the girl and sentenced to prison.

ラリーは巧みに八木君を弁護した。しかし陪審員は全て南部の白人男性であったために、結果的に、八木君は女性強姦の罪で刑務所行きを言い渡された。

（5）Conversely（逆に）

A hundred yen will buy almost 9,000 Rupiah; conversely, 9000 Rupiah will buy a hundred yen.

百円で9,000ルピアが買える。逆に9,000ルピアで百円を買える。

（6）Finally（最後に）

Finally, the report mentioned a decline in profits.

最終的に、レポートが減益になることを示した。

（7）Furthermore（さらには）

We had arrived at Takarazuka Station by ten o'clock at night, but our host was not there. Furthermore, we had no means of returning to our hometown.

我々は、宝塚駅に夜10時までには到着していた。しかし迎えはいなかった、さらには、我々は家に帰る手段が無かっ

た。
（8）However（しかし）
I should have gotten a job in Tokyo office. However, I insisted on moving to Osaka because I believed that I was more vital there.
私は東京の事務所で仕事を得るべきであった、しかしながら私は異動を主張した。なぜなら大阪で力を発揮できると信じたからだ。
（9）Incidentally（偶然に）
Incidentally, I came across very interesting people in Takarazuka.
偶然にも、私は宝塚で面白い人々と出くわした。
（10）Instead（その代わりに）
I was offered the makizushi for dinner, instead I opted for what they called a Temaki zushi.
私は夕食にまき寿司を勧められたが、代わりに彼らの言う手巻き寿司を選択した。
（11）Likewise（同様に）
Mr. Yamamoto was our friend and likewise our good leader.
山本さんは、我々の友人であると同様によきリーダーでもあった。
（12）Meanwhile（その間に）
Tamao finished preparing the dinner and hurried to her room to change her clothes. Meanwhile, Shoko sat trembling on the divan in fear of meeting Takuya, a boy she remembered from high school.
玉緒は夕食の用意を終えて、服を着替えるために部屋に急いだ。その間、昌子は高校時代から知っている少年の拓也と会うので、ある種のおそれを感じながらソファーに座っ

ていた。

(13) Moreover（その上に、さらに）

It was, moreover, a waste of time.
それはそのうえに時間の浪費でもあった。

(14) Nevertheless (Nonetheless)（それにもかかわらず）

I wasn't actually sure if the motel were open. Nevertheless, I felt so tired that I just drove in and began honking.
私は非常に疲れていたので、モーテルが開いているかどうか確信が無いにもかかわらず、車を入れて警笛を鳴らしはじめた。

(15) Otherwise（さもなければ）

Jerry, the lively terrier, barked loudly enough to attract May's attention to the hook on the bridge, otherwise, she might have overlooked a valuable clue.
活発なテリアであるジェリーは、橋の金具にメイが注意を払うように吠えた。さもなければ、メイはこの重要な手がかりを無視したに違いない。

(16) Similarly（同じように）

Philippine is a country consisting of many islands. Similarly, Indonesia is a country which consists of many thousands of islands.
フィリピンは多くの島からなる国である。同じように、インドネシアも無数の島からなる1つの国である。

(17) Especially（特に）

The students were informed of an upcoming room inspection. Especially, they were told that their rooms would be strictly inspected by the teacher.
生徒達は、やがてやって来る検査を告げられた。特に生徒達の部屋は先生によるきびしい検査を受けることも知らさ

れた。

(18) Subsequently (その後に、続いて)

The Harry Potter books have been a smashing success. Subsequently, they have been translated into fifteen different languages and enjoyed by people all over the world, adults and children as well.

ハリーポッターの本は大変な成功を収めました。続いて15カ国語に翻訳され、世界中の大人達と子供達が楽しみました。

(19) Therefore (従って)

Our house was torn down in the earthquake. Therefore, we had to move to Kameoka.

私達の家は地震で倒れました。従って私達は亀岡に引越ししなければなりませんでした。

(20) Then (それから)

The landlord ordered us to make our rooms spotless. Then, we would return and give the rooms a through inspection.

家主は私達の部屋を掃除するよう命じた。それから我々は、部屋を返し完全な検査を受ける。

(21) その他の接続表現

① After all （つまるところ）
② As a matter of fact （事実）
③ As a result （結果として）
④ At the same time （同時に）
⑤ Even so （たとえそうでも）
⑥ For example （例えば）
⑦ In addition （加えて）
⑧ In fact （実際に）
⑨ In other words （他の言葉で言うと）

97

⑩ In the first place （最初に）
⑪ On the contrary （反対に）
⑫ On the other hand （他方）

PART 4　日本語と英語の違い

「ラングィッジディスタンス Lauguage Distance」これは言語間の距離という意味で、ある言語と言語との違いの程度（差の大小）を表す言葉です。言語はその特徴や構造から、世界中で約10のグループに大別されるそうです。インド、ヨーロッパ、ウラルーアルタイといった名前で呼ばれるものがそうです。その中で日本語は、アジアの言語のグループの一つに数えられていますが、日本語はどのグループにも属さない言語だと言う学者もいます。日本語はかなり特殊な言語だと言えるかもしれません。
　先ほどの「ラングィッジディスタンス」に話を戻すと、日本語と英語の「ディスタンス」（距離）は遠く離れています。例えば、言語の構造を見ても英語のSVO（注1）に対し日本語はSOVですし、音声（発音）が全く違うのです。いわゆる、「ストレスタイムド」（注2）と「シラブルタイムド」（注3）の違いです。さらに加えて言語に含まれている文化の違いがあります。
　英語と日本語の距離「ラングィッジディスタンス」は、英語とドイツ語の距離が、ヨーロッパ大陸とアメリカ大陸の距離だとすると、英語と日本語の距離は、地球と月の距離ぐらい離れているかもしれません。これは少し大げさな表現かもしれませんが、例えば、ドイツ語圏の人達やスペイン語圏の人達が約一年の学習で英語がペラペラになるのに対し、日本人は3年から5年かかるのが普通です。これは日本語と英語の違いが大きいからかもしれません。但し小さな子供達の場合は例外です。なぜなら子供達にはLAD（Language Acquisition Device）（注4）が有るからです。日本人が英語習得に時間がかかるのは、個人差や勉強の仕方もありますが「ラングィッジディスタンス」によるところが大きいのではないかと思われます。以下に大まかにその違い（ディスタンス）を箇条書きで示したいと思います。

（注1）
　SVO：これは語順の事で、文章を構成する単語が、主語―動詞―目的語の順になること。英語はSVOの順ですが、日本語や朝鮮語はSOVの語順となる。例えば、英語ではI visit Tokyo.日本語ではI Tokyo visit.となる。

PART 4　日本語と英語の違い

（注2）
　ストレスタイムド：言葉（音声）の特徴を表現する用語で、英語は発音の強弱やリズムに重点を置いた言語であることを表す。
（注3）
　シブラルタイムド：言葉（音声）の特徴を表現する用語で、日本語は音節（シブラル）全てを発音し、リズムや発音の強弱をあまり付けない言語であることを表す。日本語はフラットな発音言語。
（注4）
　LAD：これはアメリカの言語学者の仮説です。言語習得の機能（装置）と直訳できます。第一言語は誰でも努力なしに習得できますが、これは人間がこの機能（装置）を持って生れてくるからだと言うのです。14、15歳になるとこの機能（装置）は失われると言われています。従ってこの機能（装置）が生きている子供時代に英語の環境に育てば、英語は努力なしにマスターできます。日本語も同じです。

4-1. 文法的な違い

　基本的な大きな違いとして、単語の順番（SVO, SOV）と発音の違いについてはすでに述べました。その他の具体的な違いは、
　1．英語には日本語にない品詞がある。
　　　冠詞（a, an, the）、関係代名詞（who, which, that）、be動詞（am, are, is）。これらの機能を持つ言葉は日本語には無いので、単純な「be」動詞を除いて、使いこなすのは難しいのです。
　2．名詞（主語）：
　　　日本語は時として主語を割愛しますが、命令文を除いて英語では必ず主語が必要です。
　　　英文自分史を書く場合、ほとんどの場合主人公は自分であるため主語は分かっていますが、英文では必ず主語の「I」が必要です。（英文履歴書とは違います。）
　　　また主語になる「私」「僕」「小生」「自分」など自分を表す日本語は沢山ありますが、英語は全て「I」で表現します。英語では日本語のこれらのニュアンスは表現できないと考えた方が無難です。なぜなら文化が違うからです。同時に「あなた」を表す日本語も沢山あります。「君」「あなた」「貴兄」「貴君」「あんた」「お前」も同

じように「You」で割切ることです。「She」「He」「They」「We」についても同じ事がいえます。英文自分史では、自分以外の方を表現するのに、最初にそれらの方の実際の名前（固有名詞）を使って、その次に「He」「She」などの代名詞を使用するのが普通だと思います。

　名詞は、複数か単数か、またその物の所在、身分（ステータス）を詳らかにしなければなりません。いわゆる、a（an）、the、冠詞なし、の違いです。冠詞は決して名詞につく飾りではなく、次に来る名詞を分類することと、その名詞の所在（ステータス）を明らかにするためのものだと考えられます。例えば、最初に出てきた名詞（数えられる物）に不定冠詞（a）を付けたら、次にその名詞を取り上げると、その名詞はＩＤカードが発行されているので、次はその名詞に（the）をつけなければならないと言うことです。なぜならその名詞は、特定されているからで、他に変わる物ではないからです。（the）がつくともう不特定多数の中の一つではなくなるからです。

　従って、英文の中の名詞は、それが単数（１個）なのか複数（２個以上）なのかはっきり示す必要があります。この単数複数の概念は、さっき言ったように定冠詞や不定冠詞との密接な関係があるからです。

　要するに、冠詞（a）は同じものが沢山あるその中の一つの物。冠詞（the）は、特定された、話し相手にも明確に特定される物、唯一の物。冠詞（なし）は、数えられなくて抽象的な概念の物または固有の名詞です。

例：
　　A．I ate chicken.　　　　鶏肉を食べた。
　　　 I ate a chicken.　　　 一羽の鶏を食べた。
　　B．I caught a cold.　　　 ある種の風邪を引いた。
　　　 I had a headache.　　　頭が痛い。
　　　（病気の場合は、冠詞（a）を付ける場合が多い。）

3．動詞

　日本語には、動詞の語尾を変化させた曖昧な動詞の使い方があります。

　例えば、「思った」「思いました」「思っていた」「思ってしまった」「何々のように思われた」「思わざるをえなかった」などです。過去形や受け身の型として文法上の違いは説明できますが、そのまま英文に直訳してしまうと、問題が発生する場合が出てくるのです。

　「思う」に関しては、過去であれば「thought」、望んだ「hoped」、信じた「believed」を中心に考えたらどうかと思います。または、文脈に応じて「thought」に副詞で強調を表す単語を使って表現する方法が適当だと思います。例えば、頑固に「still」、めったにない「rarely」、などを使用したらどうかと思います。

　余談ですが、「think」に付くので、ついでに言っておくと、前置詞に関する「about」と「of」の違いです。「Think of」と「think about」の違いは、「of」はあるものを漠然とイメージする場合、「about」は具体的な物がイメージできる場合です。

例：

A．I was thinking about her all the time.
　　彼女のことをいつも考えていた。
B．I had to think of a way to make lots of money.
　　私は沢山のお金を稼ぐ方法を考えねばならなかった。

　同じように「願ってやまなかった」「願った」なども単純な英語の過去形「wanted」「hoped」「wished」を中心に考えます。

　「やまない」などは、先ほども言ったように強調だと考えて、英語の「very much」「strongly」「still」などでどうかと思います。当然文脈により違う場合もありますので、何が言いたいのかを考えて英語を書く必要があります。

4．英語は時制にうるさい

　英語では、過去、現在、未来、現在完了、過去完了、未来完了などを使って時間の経過を明確にしています。英語ではある行動の状

態と時をたえずも気にする言語ですが、日本語はある行動が終わったのか、どういう状態なのかを気にして、時間的な経過が英語ほど厳しく問われない言語です。
　文法用語で言うと「時制 Tense」(注1) と「相 Aspect」(注2) の違いでしょう。
英語なら過去に2つの出来事があるとしたら、どちらが先か表現する方法が文法として存在しますが、日本語では、英語の「before」何々のまえに、「after」何々の後でと表現するしかありません。英語では「Before I go」「Before I went」「Before I had gone」などがあり、「After I go」「After I went」「After I had gone」「After I have gone」などもあります。
　このように英語は時制にはうるさい言語です。英文自分史を書く場合、時制に注意しながら英文を書くことが必要です。

(注1)
　時制 Tense：過去→現在→未来の時間の経過を表す。
(注2)
　相 Aspect：行動や状態が完了しているか（完了の過程）を表す。

4-2. 紛らわしい日本語表現

　日本語と英語の距離は遠く離れていると書きました。それは言語自身の問題だけではなくその背景にある考え方や文化の違いがあるからです。むしろ後者の方が、日本人が英文を作るときには大きな障壁だと思われます。まず日本語で文章を作り、それから英文に直すとなると色々トラブルが生じてきます。余談になりますが、英語で喋る場合のことですが、天皇陛下と英語で話す時も、かわいいペットと会話する時にも、相手のことは英語では「you」しかありません。小さい頃から縦思考一本やりの環境で育ってきた我々は、英語を母国語とする人々の横思考になかなかなじめないのです。
　日本語にある敬語と同じ発想や意味を持った英語はありません。ある

とすれば、他人の人格や人権やプライバシーを尊重し、時には尊敬し丁寧に表現する文章でしょう。「Could」「Would」「Do you think」を使った文章です。英文自分史を書くときには、日本語と英語の違いを念頭に置き筆を進めていただきたく思います。

4-3. 擬態語／擬音語

日本語には沢山の擬態語（mimesis）の表現があります。しかしこれらの表現は英語にはなりにくいのです。「ドンドン行きましょう」「ギクシャクしている」「ギラギラの人」「髪がテカテカ」「ギッシリ詰まっている」「雪がシンシンと降る」このような表現は日本語にはいくらもあります。これらを英語にすることは至難の業です。

また英語では擬音語のことを「onomatopoeic」と言いますが、これらも英語には非常に少ない言葉です。英語で擬音語といわれるものは、「うなる growl」「水がプシュッとでる splash」「うがいする gargle」などが思い出されます。

有名な鶏の鳴き声でも cock-a-doodle-do は koke-kokko となるように、英語と日本語では違います。

日本語の擬態語（mimesis）や擬音語（onomatopoeic）を英語になるようにするルールなどはありません。ひと言で言うと「訳せない」と言うことになるでしょう。

あえて訳す場合は、文脈により動詞、形容詞、副詞などを採用して逃げる以外に方法はありません。

例えば、
（1）年齢を重ねると、「①体がボロボロ／ガタガタになる」「②走るとゼイゼイ息が切れる」「③体がシックリしない」これらの日本語は「①非常に疲れる／消耗する」「②呼吸が激しくなる」「③元気がない、健康ではない」と変更して英語を考えてみたら良いと思います。
（2）若い頃は「①ガツガツ食べた」、「②テキパキ仕事した」これらは「①早く食べた／沢山食べた」、「②仕事を早くこなし

た」と考えたらどうでしょう。

　読者の皆さんと多少意見が食い違うかもしれませんが、このように文章を変更すると、英文が作りやすくなります。

　次に日本語と英語の対訳を紹介したいと思います。しかしこれは正確に翻訳されているかは疑問です。なぜなら日本人と英語を母国語とする人々とは感情や感性が違うからです。また文脈によってもその意味するところが違うかもしれません。従って参考としていただけたら幸いです。

日本語	英語（形容詞）	日本語	英語（動詞）
きびきびした	brisk	ぎらぎら（光る）	glaringly
ざらざらした	rough	がつがつ（食べる）	greedily
ぴくぴく動く	jiggle	ぴかぴか（光る）	glitter / glisten
なみなみとつがれた	brimful	ぺこぺこ頭を（下げる）	cringe
ぐにゃぐにゃの	limply	ぱっと輝く	shine suddenly
		かっとなる	fly into a rage
日本語	英語（副詞）	だらりとたれる	flagged
うきうきと	cheerfully	まごまごする	blunder
あかあかと	brightly	ぐでんぐでんに酔わせる	befuddle
おずおずと	timidly	ぞーとする	frighten
ねばねばと	viscously	せっせと（働く）	work like a bee
もうもうと	grossly	とうとうと（流れる）	in flood
きびきびと	briskly	ぽんと（出す）	give with a bound
そわそわと	restlessly	バクバク食べる	gobble it up
ちびりちびりと	little by little		

4-4. その他

これは違いではありませんが、英文自分史を書くに当っての細かい注意点を書いて見ます。

1. 数字はアラビア数字で良い。(10まではスペリングで、11以上はアラビア数字が多い)
2. 日本語の「以上」「以下」の英語は「more than」「less than」ではない。

　英語の「more than 10」または「over」は、10が含まれません。「less than ten」も10は含まれません。日本語の「未満」は「under」でかまいません。

3. 日本語の「見る」は、英語で「see」見える＞「look at」意識的に見る＞「watch」注視する。see ＞ look at ＞ watch の順番になるでしょう。
4. 「everybody」は「どの人も」「どなたでも」。「anybody」は「どんな人でも」「誰でも」。Do you have any money? (どんなお金でも良いので、お金を持ちあわせているか。) Do you have some money? (いくらかお金を持っているか。)

PART 5 表現集

英語では情緒的、感情的な表現はできるだけ避けて、具体的かつ論理的に表現することです。日本人の我々としては、英文は感覚的に味気ないような気分になるかもしれませんが、英語とはそういうものです。英語は「理屈っぽくて味気なく、直接的で断定的」なのです。以下にタイトル別のサンプルとしての例文を紹介してみます。

5-1. 故郷 (Hometown)

生い立ち：

1．My house was located west of my school. So I walked back home from school, facing the sun in the west. I strongly remember that.
私の家は学校の西に位置していましたので、西日に向かって帰宅しました。強烈にこの情景を覚えています。

2．During my school days, the road from my former house to the school was very impressive.
学生時代、以前住んでいた家から学校までの道路は大変印象深かった。

3．There were many fireflies near the river and many stars in the sky. That environment does not compare to the environment today. We can only see such a sky in photos now. I have liked space and the stars since then. We could easily see the Milky Way then.
近所の川には沢山の蛍がいて空には沢山の星がありました。この環境は今とは比べものにはなりません。私たちは今日このような空を写真でしか見ることができません。それ以来私は星や宇宙が好きになりました。私たちは、その時はっきりと天の川を見ることができました。

家：

1．Our family lived in Ashiya, a very comfortable place to

live. Land was not cheap, but there was a lot of greenery and many beautiful parks in the city.

私たちは芦屋に住んでいました。そこは住むのに非常に快適なところです。土地の値段は安くはないですが、町には沢山の緑と美しい公園がありました。

2. I was born in a very crowded city where everything was concrete. My family moved to Takasago when I was about 12 years old. My house was located across from the post office on Midosuji Road.

すべてがコンクリートで覆われた賑やかな町で生まれました。家族は、私が12歳のときに高砂に引っ越しました。私の家は、高砂市の御堂筋の郵便局の道を挟んだ向かいにありました。

3. I shared an apartment with friends and colleagues in the computer industry between 1978 and 1989. In 1990, I decided it was time to find a home in Kobe. I purchased my current home in 1990, after a real estate agent helped with a short search lasting approximately one month. I had found a two-story house in my price range that was close to being my dream house.

My home is located in west Kobe on about 80 tsubo of land. There is space for a car and a small garden in front of the house.

1978年から1989年にかけて、コンピューター業界の同僚や友人とアパートに住んでいました。1990年には、神戸で家を見つける時期が来たと思い、不動産屋に調査を依頼し約1ヶ月を費やして、現在住んでいる家を買いました。予算の中で2階建の私の描いていた理想に近い家を見つけました。

家は西神戸にあり80坪です。1台分の駐車スペースがあり、家の前には小さな庭があります。

5-2. 両親 (Parents)

母：

1. My mother had a wonderful imagination when it came to birthdays. The year I turned eight, she made lots of unigue and strange rice cakes, but the next year she didn't do that. I remember I was a little disappointed.
私の母は想像力豊かな人でした、それはお誕生日に発揮されました。私が8歳になった時、母は沢山のユニークでふしぎなお餅を作ってくれました。しかし次の年には作りませんでした。少し残念だった事を覚えています。
2. My grandfather often took me to our relative's houses.
私の祖父は時々親戚の家へ私を連れて行きました。
3. My parents moved out of the three generation family home because of Mother's mental illness.
私の両親は3世代で住んでいる家を去りました。母の精神的な病気のためです。
4. My mother had a hard time living with my father's relatives as they treated her harshly.
私の母は父方の親戚から辛くあたられて、彼らと一緒に住むのは非常に厳しいものがありました。
5. I remember occasional fighting between my father and mother at our home.
私は、家で時折起こった父と母の喧嘩を覚えています。
6. My mother taught us that a successful life is not measured by money or material things, but how much we have helped others.
私の母は私達に人生の成功とはけっしてお金や物質で決まるものではなく、他人をどのぐらい助けたかだと教えました。

父：

1. My father died at the age of 59 on Friday night, August 20, 1990, in Akita Prefectural Hospital due to complications from alcoholic pancreatitis.

 A Buddhist funeral service took place the day following his death at his home in Sone.
 私の父はアルコールによるすい臓炎からの合併症で、1990年8月20日、秋田県立病院で59歳でなくなりました。
 仏式のお葬式は曽根にあった父の家で死の翌日行われました。

2. My father had a life full of ups and downs, just like most of us, but always felt God had blessed him greatly.
 私の父の人生は多くの人がそうであるように、浮き沈みの人生でした。しかし彼はいつも神が見守ってくれていると感じていました。

3. My father had not returned home to be reunited with his wife and his family.
 私の父は家族、妻と元の鞘に収まるべき家はありませんでした。

4. My father was born on July 19, 1921 in Yatsuhaka Village, Akita, the son of Kumosuke and Tome Yagi. He graduated from a local elementary school in 1934. After graduation, he joined NNN Corporation. He thoroughly enjoyed his work in retail management, both for NNN Corporation and, at the time of his death, KKK Corporation in Tokyo. My father also enjoyed raising his children, watching baseball games on TV, and drinking sake.
 八木雲助ととめの間に男子として生まれた父は、1921年7月19日、秋田県八墓村で生まれました。父は1934年に地元の小学校を卒業しました。卒業後、父はNNN株式会社に就職しました。NNN株式会社と最後の勤務となった東京のKKK株式会社の両方で、小売業の仕事に励みました。一方、父は子供たちを育てること、テレビで野

球を見ること、お酒を飲むことが好きでした。
5．I expect them to be great parents. They have excellent skills for living in a difficult world. I am not confident I can show them how to be good fathers or mothers, but I hope they will be.
彼らに立派な両親になることを期待します。彼らはこの難しい世界で生きる優れた技能を持っています。私は良い父や母であることを示す自信はありません、しかし私たちの子供には将来良い両親となることを望みます。
6．My grandfather died when I was in elementary school. I simply knew that he had died; therefore, I didn't mourn over for him very well.
私が小学校の時に祖父は亡くなりました。ただ単純に彼が死んだ事を知っただけです。だから深く彼の死を悲しみませんでした。

5-3．子供時代（Childhood）

出生：

1．I was born on July 13, 1945, in Kobe, as a son of Gunji and Hanako Tanaka.
私は、田中軍治と花子の男の子として、昭和20年7月13日に神戸で生まれました。
2．I was born on November 20, 1940, in Tokyo as the second child.
私は、2人目の子として昭和15年11月20日、東京で生まれました。
3．I was born on December 29, 1940, in Takarazuka, to Kantaro and Momoko Yamada.
私は、山田貫太郎と桃子の間に、昭和15年12月29日に生まれました。
4．I have no idea about my birth.
私の誕生については分かりません。
5．I have few memories when I was in kindergarten.

私の幼稚園の頃の記憶はほとんどありません。
6. I was the first boy in our family.
私は家族の中で最初の男の子でした。

出生時の環境：

1. I lived in the smallest apartment in a town. My mother had to work for this apartment where our family lived.
私は町で1番小さなアパートに住んでいました。母は家族の暮らすこのアパートのために働かねばなりませんでした。

2. Snow was blowing under the door of our rented house, and the temperature was about 5℃ below zero on January 29, 1948 in Yamakoshi, Niigata, My mother, Hanako Tanaka, had sold her kimono to buy baby blankets and clothes.
雪が私達の借家のドアの下から吹き込んできました。昭和23年1月29日の新潟県山古志村の気温は約零下5度でした。私の母、田中花子は、生まれた子供の服と毛布を買うために、彼女の着物を売らねばなりませんでした。

3. When I was born in 1948, rice was selling for 50 yen a kilogram in Sanda, fresh milk for 10 yen a litter, eggs were 5 yen a dozen, and an octopus was 8 yen.
私が生まれた昭和23年は、三田でお米がキロ当たり50円、ミルクが1リットル10円、卵が1ダース5円で売られており、たこは1匹8円でした。

病気：

1. I caught most childhood diseases. When I was three I had the measles, in the next year I had the mumps, and when I was six I had another disease.
私は子供が罹るたいていの病気になりました。私が3歳のときハシカに罹り、次の年にはおたふく風邪、さらに6歳の時には他の病気

になりました。

5-4. 小学校時代 (Elementary school)

遊び：

1. I can't remember the names of the children I played with, although their houses were near my home.
   私は近所に住んでいて一緒に遊んだ子供達の名前を思い出せません。
2. I had a friend I played with near my house years ago. We still communicate with each other on the internet.
   何年も前に私は近所で一緒に遊んだ友人がいました。今でも私たちはインターネットで交流をしています。
3. I can remember only a few of the games that we played.
   私が遊んだ遊びは、ほんの数個しか覚えていません。
4. I remember I used to play hide-and-seek as well as tops, stilts, and glass marbles.
   かくれんぼ、こま、竹馬、ビー玉等でよく遊んだのを覚えています。

性格：

1. I believe that I was a very shy and innocent child.
   私は、大変恥ずかしがり屋で無邪気な子供でした。
2. I always cried if I did not get what I wanted, even if people laughed at me. I was considered strange.
   私は笑われても、自分の欲しい物が手に入らなかったら何時も泣いていました。変なこどもと思われていました。
3. They said I was shy. I agree partly. They also said I was not friendly.
   皆は、私が引込み思案だと言いました。たぶんいくらかは当たっていると思います。皆は私が人なつっこくないとも言いました。
4. I was very selfish and I sometimes made my brother cry. I cried if things didn't go as well as I expected.

私は非常にわがままで兄弟を時々泣かしました。自分の思うようにならない時は、泣きました。
5. I have realized that I lived in an isolated world.
私は孤独に生きていた事に気づいています。

名前：
1. I called myself by my nickname, Ketsunashi, instead of my given name.
私は、自分の名前よりあだ名の「けつなし」と自分で呼んでいました。
2. My name is Momo Yamada who was a shy girl. probably because of my strange name, other children always made fun of me. I used to have a grudge against my parents who named such a name to me.
私の名前は、山田桃、恥ずかしがりやの少女でした。桃が変った名前だったのでしょうか、他の子供達からしょっちゅうからかわれていました。私にこんな名前をつけた両親を恨めしく思ったものです。

家：
1. We moved close to my old house when I entered elementary school. My kindergarten was in the city.
私が小学校へ入学した頃、私たちはかつて住んでいた家の近所に引越しました。私の通っていた幼稚園は町の中にありました。
2. I liked my bunk bed. My sister enjoyed sleeping in it.
私は、私の2段ベッドが気にいっていました。私の妹はそこで寝るのを楽しんでいました。
3. The only thing I remembered when we moved to a new house was that I shared a bunk bed with my brother.
私たちが新しい家に引越した時に、私が覚えているのは、兄弟と2段ベッドで寝ていたことです。

4．Now I live in Tokyo but I lived away from my home town at that time.
今東京に住んでいます。しかし当時は生まれ故郷から遠いところに住んでいました。
5．I felt that I mostly lived in a three generation family until I entered elementary school.
小学校へ入学するまでは、多くは3世代の家族が住む家に住んでいたように思いました。

いじめ：

1．I was bullied a little by my classmates because of an animated movie, which had been broadcast on TV. I don't remember what grade I was in. I could suffer through their bullying but I didn't want everybody to know about it.
My mother told me that I should ignore it when I asked her. Her attitude prevented me from thinking about it.
私は同級生から軽いいじめを受けました。テレビでやっていたアニメの影響です。何年生の時か記憶がありません。私は彼らのいじめに耐える事ができましたが、そのいじめをみんなに知られるのがいやでした。
　私が母に相談したとき、母はそれを無視するように言いました。母の指摘は、いじめを思い出す事から私を解放してくれました。
2．My mother said, "Don't do what the others don't like you to do." I always tried it but it did not always succeed.
私の母は、他人が嫌がる事をしてはいけないと言いました。私はいつもこれを心がけていましたが、いつもうまくいくとは限りませんでした。

クラブ活動：

1．I was not good at leading a team. I just followed the

manual for leaders when I led the club. I had a hard time doing my job compared to former leaders in the club.
私はチームを統率していくのは苦手でした。私がリーダーとしてクラブを引っ張って行くのはもっぱらマニュアルに従っただけです。クラブの前リーダーと比べると、仕事をしていく上で私は苦しい経験をしました。

ある思い出：
1．Traditional Japanese paper was used at my elementary school.
私の小学校では和紙が使用されていました。
2．I remember coming home from school on the last day of the semester and running through the front door. The warm smell of freshly baked rice cake with soy sauce tantalized my cold nose, and I could hardly wait to get my coat off and have it.
学期の最終日、学校から帰った私は玄関から家に飛び込みました。お醬油とお餅の焦げた香ばしい暖かい匂いが私の冷えた鼻をくすぐりました。そして上着を脱ぐ時間も待てないぐらいでした。
3．We had dinner with our whole family every evening.
毎晩家族全員で夕食をとりました。
4．I don't especially remember what I did at my elementary school.
小学校時代何をしたか特に覚えていません。
5．Now I remember many things that happened in my 6th grade. One of which was my being selected as a class leader. There were several committees founded by students in the school. I became a leader of the green-keeping club. Also, I became a leader of the children's club in our ward. In due course, I became a vice leader of the town.

今6年生の時に起こった沢山の事を思い出します。その中の一つは級長に選ばれた事です。生徒達により作られたいくつかの委員会がありました。私は園芸部長になりました。また地域の子供会のリーダーにもなりました。そのうち私は町の副会長になりました。

勉強：
1. I enjoyed my elementary school time. Everything was so fresh and studying was fun.
   私は小学校時代が楽しかったです。すべてが新鮮で、勉強も楽しかったです。
2. The only thing I remember is that I liked to study. I did my homework soon after I got home, and I was always excited before tests.
   唯一覚えているのは、勉強が好きだった事です。私は家に帰った後すぐに宿題を済まし、試験の前は楽しみでした。
3. I was recognized as the best writer of a book review in the 5th grade.
   5年生の時には読書感想文が1番うまいと認められていました。

引っ越し：
1. We moved four times by the time I was twelve.
   私が12歳になるまでに私たちは4回引っ越しました。
2. Our family moved many times when I was in elementary school.
   私の家族は私が小学生のころ何度も引越しました。
3. My family moved to Okayama Prefecture when I was 10 years old. Our new house was situated in a suburban district, where the signs of Yamato still remained and we could enjoy walking through the forests.
   私たち家族は、私が10歳のとき岡山県へ引っ越しました。私たちの

家は、大和の面影が残っている郊外にありました。森の中の散歩が楽しめました。

5-5. 青春時代 (Youth)

学生のころ：

1. 学校の思い出

I started studying English when I was in junior high school. I was very enthusiastic until our teacher took attendance on the first day of class. She announced that she would give us each an English name, which we would use during English class. She explained that this name would give us a new identity to go with the new language we were learning.

At first, the idea didn't bother me at all. As my classmates started to address me by my new name, however, I began to feel uncomfortable. Soon, my discomfort turned into resentment. Why should give up my identity in order to learn a language?

Using another name made me feel ridiculous and even false. I felt so silly using my English name that I rarely spoke in class. I didn't make much progress. The next year, I had a different teacher, one who let us use our given names in class. As a result, I participated more in class, and English soon became my favorite subject.

私は中学校の時に英語を習い始めました。私たちの先生が、初めての授業で出席をとるまでは、非常に熱意がありました。彼女がクラスの全員に英語の名前を付け、私たちが英語のクラスでその名前を使うことになりました。先生は、これからの授業で英語の名前を使用することは新しい個性を持つことだと説明しました。

最初は、この考えに全く問題はありませんでした。しかしクラスメイトが私を英語の名前で呼び始めた時、不愉快な気分になりました。

すぐにこの不愉快さが怒りに変わりました。なぜ言葉を勉強するのに私の個性を放棄せねばならないのでしょうか。

私の本来の名前と違う名前を使うことはばかげたことだと感じ、また間違っていると思いました。

私は、英語の名前を使うこと自体ばからしくて、クラスでは殆んど喋りませんでした。ちっとも成績が伸びませんでした。次の年には、違う先生が担任し、クラスでは本名を使いました。結果としてクラスに積極的に参加し、英語が私の好きな教科となりました。

2．高校野球の思い出

I played baseball as a left fielder on my high school baseball team. Our team took part in the preliminary matches for the national high school baseball tournament at Koshien in 1965. We lost the fifth game after we won four games in the preliminary match. The score was 2 to 1.

I remember we all cried and cried without hesitation in the field. We were all pure.

私は高校では野球部でレフトを守っていました。我々のチームは1965年の甲子園大会の予選に参加し、4回勝利した後の5回戦で敗退しました。スコアは2－1でした。

みんなグランドではばかりなく泣き崩れていたのを覚えています。私たちは皆純粋だったのです。

3．大学時代の経歴：

I received my Bachelor of Economics degree from the Faculty of the University of Kobe in 1970. I was involved with the mountain climbing club in University of Kobe.

During my time at university, I worked part-time at several accounting firms in the Kobe area, working in accounts and preparing many tax returns and financial statements. I

became a highly skilled at spreadsheets in the process.
My bachelor's thesis was entitled The Role of the Just-in-Time System in The Japanese Automobile Industry, supervised by Professor Nobuaki Kori of the Department of Economics.
私は1970年に神戸大学の教授会から経済学士の学位を受けました。
神戸大学の山岳部へも所属いたしました。
大学時代に、神戸地区のいくらかの会社にアルバイトの経理担当者として採用され、税の還付と経理書類の準備と処理を行いました。
この経験で表計算のエキスパートになりました。
卒業論文は、経済学部の郡信明教授の指導の下、日本の自動車産業におけるカンバン・システムの役割というタイトルでした。

4．スポーツの思い出
I used to go skiing in Nagano when I was in high school.
私は高校時代スキーに長野へ行ったものです。

5．恋愛
I was very lonely until I met Kyoko Goya, a pretty clarinet player in the school band. I got the courage enough to speak to her during a Christmas party on December 25, 1978.
I felt in love with Kyoko, who is now my wife.
学校のバンドでクラリネットを吹いていた、美人の合屋恭子と会う前は大変寂しかった。私は勇気を出して1978年12月25日のクリスマスパーテイーで彼女に話しかけました。
私は現在の妻である恭子と恋に落ちました。

6．夢
When I was a boy in elementary school, I wanted to be a professional baseball player. When I was in junior high

school, however, a professional soccer player was what I wanted to be. My dream changed again as a high school student. I wanted to become a patent attorney, so I studied law in my spare time. It seemed to me then that a patent attorney was an important and exciting job because my close friend was proud of his father who was a patent attorney. I majored in law at Kobe University to realize my dream from my high school days.

小学校の時は野球選手になりたかった。しかし中学ではサッカーの選手になるのが夢だった。高校では再び夢が変わり、弁理士になりたくなった。暇を利用して法律の勉強をしたものです。そのとき弁理士は重要な面白そうな仕事に感じました、なぜなら私の親しい友人の父親が弁理士で友人は父親を誇りにしていました。神戸大学では高校時代からの夢を実現するために法学部を専攻しました。

5．友人

One of my close friends, Kunio Matsuda, who died in an accident 12 years ago, was a very good climber. When we were student at Nishinomiya High School where I first met him. We were in the same class. He was active in the mountain climbing club, and their club room was located on the second floor in the building. I was on the table tennis team, which was just under their club room. We often visited our club rooms to see each other after practicing. Naturally, we became close friends. We continued keeping in touch with each other after graduating from high school. He went to work for a company in Osaka, and I got a job in Tokyo after graduating from the college we studied at. I enjoyed chatting and drinking with him while we were both busy working hard as businessmen, which is a wonderful memory of mine.

12年前に事故で亡くなった親しい友人の一人、松田邦夫君は、優秀な登山家でした。私達が西宮高校の学生であった頃、そこで初めて彼と出会いました、そして同じクラスでした。彼は山岳部で活躍しており部室は建物の二階に在りました。私は卓球部に所属しており、私たちの部室はちょうど彼らの部室の下にありました。練習が終わった後お互いに部室を訪問しあいました。自然に親しい友人となりました。私たちは高校を卒業してからも交流を続けました。彼は大学卒業後大阪の会社に勤め、私は東京に職を得ました。私たちはお互い忙しい日々を送っていましたが、時々彼と一緒に喋ったり飲んだりしたことは、今では懐かしい思いでとなっています。

6．苦しい思い出

I was nervous at that time because I was worried about many things. Actually, many things happened all at once, so I had a hard time. I have made an effort not to get in such positions since then. It is a good memory though.

そのとき私は神経質になっていました。いろいろな事が心配で、実際に一度に多くのことが起こりましたので、苦しい時でした。それ以来私はそんな立場に立つ事をさけるように努力してきました。今では懐かしい思い出となっています。

5-6. 社会人時代 (Adulthood)

1．病気

When I was child, I had most childhood diseases. After I graduated from high school, I became well built and healthy. However, while I was working for NNN Corporation, I started suffering from diabetes. I believe this was because I drank a lot, attending to our good customers.

私が子供の頃には、たいていの子供が罹る病気になりました。高校

を卒業した後は非常に健康になり体も大きくなりました。しかしNNN株式会社で働いている間、糖尿病にかかりました。上得意先の接待でお酒を沢山飲んだためだと思います。

2．入院

When I woke up in the morning, I found a person standing by my bed. Wearing a white dress, she greeted me, "Good morning." She was a nurse taking care of me.
At the end of 1978, I had a traffic accident in Kobe. My leg broke in the accident so that I had to stay for a few months at the Kobe City Hospital.
朝目が覚めると、私のベッドの横に1人の人が立っているのに気がつきました。白衣を着た彼女は私に「おはよう」と挨拶しました。私を看護してくれていたのです。
1978年の暮れのことです、私は神戸で交通事故を起こしました。その事故で私は足の骨を折り、神戸市立病院で数ヶ月入院する事になりました。

3．手術

I had two surgeries so far. One of them was performed in Osaka by Dr. Sugihara at Osaka City Hospital, and the other one was performed at Jikeiidai Hospital in Tokyo by Dr. Okada.
私は、今まで2回手術を受けました。1回目は大阪の大阪市民病院で杉原医師の執刀によるものでした。他は東京の慈恵医大病院で、医師は岡田先生でした。

4．旅行

I traveled to Vermont in the autumn of 1979. It was my first time trip abroad. Vermont is located in the northeast of

America, which is famous for its beautiful scenery. There are many tourists from Europe, especially for autumn leaves.
While I was traveling in Vermont, I saw children dressed up in special costumes, visiting their neighbors. That was on the last day of October when people celebrated Halloween. I was very lucky to see the children actually visiting their neighbors to get candy on Halloween. They were all very cute. That is another wonderful memory that I treasure.

私は、1979年秋にバーモント州を訪問しました。初めての海外旅行でした。バーモント州は北東アメリカに位置し、美しい景色で有名です。特に秋の紅葉を見に、ヨーロッパの国々から沢山の観光客がやって来ます。

私がバーモント州を旅行中、子供たちが特別な衣装をまとい近所を回っているのを目撃しました。人々がハロウィーンを祝う10月最後の日でした。ハロウィーンで子供たちが、実際にキャンディーを集めに近所の家々を回っているのを見る幸運に恵まれました。子供たちは本当にみな可愛かった。私が大事にしているもう一つの懐かしい思い出です。

5. 死

A. My best friend, Kunio Yamada, went to be with his maker at the age of 39 on September 20, 1986, surrounded by his family in the Takarazuka City Hospital.

私の最も親しい友人、山田邦男は1986年9月20日、39歳の時に宝塚市民病院にて彼の家族にみとられて、神と共になるために天国へ旅立ちました。

B. My father died at Takarazuka City Hospital after a long illness.

私の父は宝塚市民病院で長い闘病の後なくなりました。

C. Our father, Gunji, who had long been hospitalized, died

on the early morning of that day because his disease took a sudden turn for the worse.
私達の父、軍治は長らく入院していましたが、容態が急変しその日の朝早くなくなりました。
- D. My former boss died and left his wife and family.
私の前の上司は、家族と妻を残しました。
- E. My best friend Kunio Matsuda died at his home on Saturday, September 4, 1988. His funeral service was held the day after his death.
私の一番の友人の松田邦男は、1988年9月4日土曜日、彼の家で亡くなりました。葬式は彼が死んだ翌日に行われました。
- F. Mr. Nakamichi, a teacher at my elementary school, passed away on Saturday, August 28, 1989. His burial took place Monday, August 31, 1990, in his hometown, Takarazuka.
私の小学校時代の中道先生は、1989年8月28日の土曜日に亡くなりました。埋葬は1990年8月31日の月曜日、彼の田舎の宝塚で行われました。

6. お葬式での思い出
- A. As I started to speak at his funeral, my eyes filled with tears and it was difficult for me to talk. I still remember it was one of the unhappiest days of my life.
彼のお葬式にスピーチをし始めたとき、私の目には涙があふれました。私にとっては喋ることは難しかったのです。私は今でも覚えています、私の人生でもっとも不幸な日でした。

5-7. 仕事 (Job)
1. 会社 (Work)
- A. I was employed by NNN Corporation in Tokyo.
私は東京のNNN株式会社に雇われました。

B. I worked for a publishing company in Kanda.
私は、神田のある出版社で働きました。

2．出張（Travel on business）

A. I went to Southeast Asia on business several times a year because I was in charge of this region in the company I worked for. My business trips to these countries were usually for about two weeks, so I always had two pieces of baggage packed.
私は、年に数回東南アジアへ出張しました。なぜなら働いていた会社でこの地域を担当していたからです。これらの国々への旅行は、大体2週間でしたのでいつも旅行カバンは2個でした。

3．転勤

A. There was a change of personnel two years after I joined the company and I was transferred from the sales department to the account department. It was in 1973.
私が会社に入って2年後に人事異動があり、私は販売部門から経理部へ移動しました。1973年のことでした。

4．上司

A. My boss, Mr. Murakami, was a personable and highly trained individual. I had the utmost respect for his qualifications and supervisory style. He treated supervision as a dialogue in which both parties continued to learn. His wonderful sense of humor also helped keep staff morale up.
私の上司であった村上氏は、個性的で熟練度の高い人でした。彼の能力と指導方法を尊敬しておりました。彼は話し合いにより指導され、お互いに切磋琢磨できました。彼のユーモアもスタッフのモラル向上に役立っておりました。

5-8. 家庭 (Home)

1. I wonder if I gave good advice or took proper care of my children as a father even though I did my best. I didn't have enough time to be with them because my priority was to make money to support my family.
私は父親として一生懸命頑張ったはずですが、子供達に良いアドバイスや適切な育児をしたか疑問です。子供達と一緒にいる時間が少なかった、なぜなら家族を養うためにお金を稼ぐ事が先であったからです。

2. I regret that I could not be a better father to my children because I couldn't afford to be with them. I had no time to play with my children because I had to work hard to survive.
私は父親として子供へ申し訳なく思っています。子供達と一緒にいられる余裕がなかったからです。生き残るために一生懸命働かなくてはならず、子供達と一緒に遊ぶ時間がなかったのです。

5-9. 写真の下に付ける英文説明

写真が語る半生記のタイトルで、写真による自分史を作成するのも方法です。
子供時代、少年時代、青年時代などに分けて時系列に配列して、1冊の本にする事も考えられます。

1. My wife and I in Hawaii in 1979.
妻と私、1979年ハワイにて

2. My sister's wedding, 1969.
妹の結婚式1969年

3. Momoko, Takuya, and I waiting at Osaka international

airport for a flight to New York, January 1990.
ニューク旅行の大阪国際空港にて、桃子、拓也、私、1990年1月

4．Takuya (right) and I (left) trying to look nice while checking out the girls at the beach in Yokohama.
拓也（右）、私（左）、横浜の浜辺で女性を意識してカッコよく決めているところ

5．Momoko and I are getting to see our new baby, Sasuke, for the first time at Kobe Hospital.
桃子と私の初めての子（佐助）を眺めているところ、神戸病院にて

6．I am seen here trying to climb Mt. Hotaka in Nagano. I looked tired when this picture was taken.
長野県の穂高山に登ろうとしているところ。この写真を写した時は疲れているように見える

7．Tatsuo and my friend, Takuya posing in front of my car as we begin our long trip to Hokkaido.
達夫と私の友人拓也が私の車の前でカッコをつけているところ。北海道への長距離旅行に出発する時

8．Standing (left to right) are Toshi Yamada, Hajime Hashimoto, Kazuya Tanaka and Hajime Seki.
立っているのは（左から右へ）山田敏、橋本肇、田中和也、関一

9．On April 20, 1978, we were married at the Takarazuka Hotel, joining us in celebration were A, B, C, D, and E.
1978年4月20日宝塚ホテルで結婚しました。お祝いに駆けつけてくれた、Aさん、Bさん、Cさん、Dさん、Eさん、です

10. Friends gathered at the wedding of Tatsuo Tagami and Momoko Yamada. Pictured are Akio Kawanishi, Teiji Shiomi, Nobuaki Kori, Taijirou Naniwa, and Hiroshi Kawaji.

田神辰夫と山田桃子の結婚式に友人が集まってくれた。写真に写っているのは、川西章夫氏、塩見禎而氏、郡信明氏、難波泰次郎氏、河路博氏です

PART 6 用 語 集

6-1. 人生のイベント

日本語	英語	日本語	英語
入学式	Entrance Ceremony	卒業式	Graduation Ceremony
文化祭	Cultural Festival	運動会	Athletic Meeting
遠足	Excursion	修学旅行	School Excursion
結婚式	Wedding Ceremony	お葬式	Funeral Ceremony
お見合い	Arranged Date	お見合い結婚	Arranged Marriage
初夢	First Dream of the Year	新婚旅行	Honeymoon
引越し	Moving	教室参観	Class Visit
入院	Hospitalization	退院	Leave Hospital
手術	Operation	お見舞い	Visit Someone in Hospital
お盆	Bon Festival	休暇	Vacation
送別会	Farewell Party	歓迎会	Welcome Party
同窓会	Class Reunion	新年会	New Year Party
忘年会	Year-end Party	親睦会	Friendship Meeting
社員旅行	Company Trip	研修旅行	Study Tour
転勤	Transfer	入社式	Entrance Ceremony
退職	Retirement	有給休暇	Paid Holiday
人事異動	Personnel Changes	早番（遅出）	Early Shift (Late shift)
サービス残業	Unpaid Overtime Work	リストラ	Restructuring
昇進	Promotion	朝礼	Morning Meeting
降格	Demotion		

6-2. 日本の祝日と行事

日本の祝日

日本語	英語	日本語	英語
正月	New Year's Day	敬老の日	Respect-for-the-Aged Day
成人の日	Coming of Age Day	秋分の日	Autumnal Equinox Day
建国記念日	National Foundation Day	体育の日	Health-Sports Day
春分の日	Vernal Equinox Day	文化の日	Culture Day
昭和の日	Showa Day	勤労感謝の日	Labor Thanksgiving Day
みどりの日	Greenery Day	天皇誕生日	Emperor's Birthday
憲法記念日	Constitution Day	国民の休日	National Holiday
子供の日	Children's Day	振替休日	Substitute Holiday
海の日	Ocean Day		

日本の行事

日本語	英語	日本語	英語
大晦日	New Year's Eve	除夜の鐘	Watch-Night Bell
彼岸	Equinoctial Weeks	初詣	New Year's Visit to a Shrine
田植え	Rice Planting	茶摘み	Tea Picking
端午の節句 (桃の節句)	Doll's Festival (Doll's festival)	月見	Moon Viewing
七五三	Seven-Five-Three years old Festival	稲刈り	Mowing of Rice Plants
花見	Cherry Blossom Viewing	花火大会	Fireworks Show
盆踊り	Bon Festival Dance	秋祭り	Festival in Autumn
七夕	Star Festival	立春	First Day of Spring
お墓参り	Visit to Graves	紅葉狩り	Maple Viewing

6-3. 日本の品物

日本語	英語	日本語	英語
お年玉	New Year's Present	門松	New Year's Pine Decoration
鬼瓦	Ridge-end Tile	障子	Paper Screan
晴れ着	Best Clothes	下駄	Wooden Clogs
鯉のぼり	Carp Streamers	五月人形	Dolls for the Boy's Festival
足袋	Japanese Sox	風呂敷	Cloth Wrapper
中元	Midyear Gift	歳暮	Year-end Gift
押入れ	Closet	いろり	Sunken Hearth
掛け軸	Hanging Scroll	こたつ	Japanese Heater Put on the Floor
台所	Kitchen	畳	Tatami Mat
床の間	Alcove	釣瓶井戸	Drawing Well
のれん	Shop Curtain	ふすま	Paper Sliding Door
風呂	Japanese Bath	仏間	Buddhist Altar Room
印鑑	Seal	蔵	Were House
年金	Pension	戸籍	Register

6-4. 日本の食べ物

日本語	英語	日本語	英語
ちとせ飴	Chitose Candy	だいだい	Bitter Orange
豆腐	Bean Curd	のり	Laver
せんべい	Rice Cracker	焼き鳥	Yakitori
年越しそば	New Year's Eve Noodles	焼き飯	Fried Rice
おせち料理	Special New Year Dishes	たこ焼き	Octopus Ball
おにぎり	Rice Ball	醤油	Soy Sauce
お餅	Rice Cake	ようかん	Sweet Bean Jelly
お好み焼き	Okonomi-yaki	ちまき	Rice dumpling Wrapped in Bamboo Leaves
和菓子	Japanese Sweet	白酒	White Sake
雑煮	Rice Cakes in Vegetables Soup	すき焼き	Sukiyaki (Blend of Vegetables and Beef Boiled in a Pan)
梅干	Pickled Plum	おでん	Japanese Hotchpotch
お茶	Green Tea	味噌汁	Miso Soup
ご飯	Boiled Rice	お造り	Raw Fish
昆布	Dried Kelp	うどん	Udon

PART7 自分史サンプル

7-1. Sample of Chronology（年表形式）

Tanaka Family 田中家

May 10, 1930　Gunji Tanaka and Hanako Okazaki were married in Koyama, Okayama.
田中軍治と岡崎花子、岡山県の高山で結婚。

April 20, 1931　Gunji and Hanako moved to Kobe and started work.
軍治と花子神戸に引っ越し、働き始める。

March 29, 1935　Takao was born at Nagata City Hospital in Kobe, to Gunji and Hanako Tanaka.
孝雄、神戸の長田市民病院で田中軍治と花子の間に生まれる。

March 10, 1938　Masae was born at Nishinomiya City Hospital in Nishinomiya.
雅恵、西宮の西宮市民病院で生まれる。

April 25, 1943　Tanaka family moved to Takarazuka due to Gunji's job at Kawanishi Kokuki Seizo Corporation.
田中家、川西航空機製造株式会社で働くため宝塚に引越し。

August 15, 1945　Pacific War ended. Atomic bomb dropped on Hiroshima and Nagasaki in August, 1945.
The family had a hard time surviving.
1945年8月15日終戦。同年8月原子爆弾が広島と長崎に落とされる。
家族は生きるだけで精一杯のつらい時期を迎える。

March 1, 1946　Gunji started his own business in Takarazuka.
軍治は宝塚で商売を開始。

January 15, 1947　Youngest son of Gunji and Hanako, Tatsuo, was born in Takarazuka.

軍治と花子の末っ子として、辰夫、宝塚で生まれる。

April 1, 1954	Tatsuo attended the local elementary school, Ryogen, in Takarazuka. 辰夫、地元宝塚の良元小学校へ入学。
April 1, 1960	Tatsuo entered a private junior high school, Toyo Gakuen, in Nishinomiya. 辰夫、西宮の私立東洋学園中学へ入学。
April 1. 1963	Tatsuo attended Toyo High School in Nishinomiya. 辰夫、西宮の東洋高校へ入学。
April 1, 1966	Tatsuo started college at the University of Osaka as an economics major after graduating from high school. 辰夫、高校卒業後、大阪の大阪大学経済学部へ入学。
April 1, 1967	Tatsuo went skiing for the first time in Iwatake in Nagano. He worked part-time jobs, and traveled all over Japan. 辰夫、長野の岩岳スキー場へ初めてのスキーへいく。アルバイトをして日本中を旅行。
April 1, 1969	Tatsuo joined NNN Corporation after graduating from the University of Osaka. He worked in the domestic sales department and later at the overseas headquarters. He traveled to Southeast Asian countries on business. 辰夫、大阪大学卒業後、NNN株式会社へ入社。 国内営業部に勤務、後に海外営業本部で働く。東南アジアへ出張。
July 12, 1976	His first daughter, Miki, was born at a hospital in Sakasegawa, Takarazuka. 長女美紀、宝塚の逆瀬川にある病院で生まれる。
July 16, 1979	His first son, Takeshi, was born at the same

hospital where Miki was born, in Takarazuka.
長男猛、宝塚の美紀が生まれた同じ病院で生まれる。
January 15, 2007　Tatsuo left NNN Corporation.
辰夫、NNN株式会社を退社。

7-2. Sample of Personal History（経歴書形式）
Takuya Tanaka,

　Takuya Tanaka was born on March 20, 1948 in Nishinomiya, Hyogo, the son of Gunji and Hanako Tanaka. His mother, Hanako Tanaka, was originally from Okayama. His father, Gunji Tanaka, was also from Okayama. When his father, Gunji, moved to Kobe, Hyogo, he was only 14 years old.

　His family moved to Nishinomiya during World War II. His father, Gunji, started his business there shortly after the war ended.

　Takuya entered a private junior high school, Komei Gakuen, in Nishinomiya, Hyogo. He was on the baseball team there.
　During his first year of junior high school his elder brother, Shozo, died at Nishinomiya City Hospital. He was suffering from bleeding after dental surgery in Nishinomiya.

　After Takuya graduated from the junior high school, he entered Komei Gakuen high school in 1964. During his first year of high school he joined the table tennis team. He made several long life friends in the team.

　In 1967, Takuya entered Kobe University in Kobe. While studying there, he was active in the mountain climbing club. He climbed many high mountains, mainly in the middle of Japan with other club members. He worked part-time at department stores in Kobe during summer and winter breaks. He also got a part-time job in a cottage on Mt. Ikoma, where a friend taught him how to play the guitar.

Takuya met Kyoko Kotari on his college campus in March 1968, and they began dating in April.

Takuya joined NNN Corporation, which was the leading oil seal manufacturer in Japan, soon after he graduated from university. It was in 1970.
Takuya made frequent weekend ski trips to Kannabe, on the north side of Hyogo while he was working for NNN Corporation.

Five years after he started working for the company, Takuya and Kyoko decided to get married. They were married at Takarazuka Hotel on April 16, 1975. After honeymooning for a week in Hawaii, they moved into Takarazuka, Hyogo.

In 1976, Takuya and Kyoko bought a new apartment in Takarazuka.

Takuya and Kyoko had a daughter, Miki, in 1978 and a son, Takeshi in 1981.

In 1979, his daughter, Miki, suffering from an unknown disease, was hospitalized for a month in Amagasaki Rosai Hospital. Her disease was later named the Kawasaki disease.

While working for the company, Takuya was frequently bullied by his supervisors. He had the hardest time in his life from 1977 to 1987 because of his limited income and being bullied by his bosses.

Takuya started working as a domestic salesman in NNN Corporation at the Osaka branch and was then transferred to the overseas headquarters in 1990.

In 1991, Takuya was assigned to a project group for making computer networks with shipping companies. In 1992, he became the leader of this project, which he successfully completed in 1993.

In the fall of 1993, Takuya was transferred into the overseas sales department. He was in charge of Southeast Asian markets such as Hong Kong, Singapore, Indonesia and Malaysia. He traveled to these countries on business in 1994. Takuya decided to study abroad in 1994, and he went to Vermont, USA in 1996.

In 1997, Takuya left NNN Corporation while he was studying abroad.

In 1998, Takuya earned his masters degree at Saint Michael's College (SMC) in Vermont. While studying at SMC, he worked for the patients' support center at F.A.H. as a volunteer.

He also served the Salvation Army in Burlington, Vermont, as a volunteer. In addition, he contributed to the Japan America Society of Vermont as a senior secretary.

In 1999, Takuya came back home from Vermont.

In 1999, Takuya started his own business in Takarazuka,

Hyogo, after working for several cram schools in Hyogo.

田中拓也

　田中拓也は、1948年3月20日、兵庫県西宮で田中軍治、花子の両親の間に生まれました。母田中花子は、岡山出身で父軍治も同じく岡山出身でした。彼の父が兵庫県神戸市へ移った時、彼は14歳でした。

　彼の家族は第2次世界大戦下、西宮へ引っ越しました。彼の父軍治は、第2次世界大戦が終わって間もなく商売を始めました。

　拓也は、兵庫県西宮市の私立公明学園中学に入学。彼は学校で野球部に所属しました。
　彼が中学1年生の時に、兄である昭三が西宮市民病院で亡くなりました。兄は、西宮の歯医者で歯の手術を受けた後出血に苦しんでいました。

　中学を卒業後、彼は1964年公明学園高校へ進学。1年生で卓球部に入部、そこで生涯の友人を作りました。

　1967年、拓也は神戸大学に入学。 大学時代は山岳部で活躍、山岳部の仲間と主に日本の中央にある多くの高い山に登りました。一方、夏休みや冬休みは、神戸の百貨店でアルバイトに精を出しました。彼は生駒山の山小屋でもアルバイトをし、そこで友人からギターの弾き方を学びました。

　1968年3月に拓也は、大学のキャンパスで神足恭子と出会い、4月からデートをするようになりました。

　拓也は大学を卒業してすぐに、オイルシールの日本のリーディングカンパニーであるNNN株式会社へ就職しました。1970年のことでした。
　NNN株式会社在勤中、週末はしばしば兵庫の北にある神鍋スキー場

でスキーをしていました。

　入社して5年目に、拓也と恭子は結婚を決めました。2人は1975年4月16日、宝塚ホテルで結婚式をしました。ハワイへの1週間の新婚旅行の後、2人は宝塚へ引っ越しました。

　1976年、拓也と恭子は、宝塚に新しいマンションを購入しました。拓也と恭子は、1978年長女美紀、1981年長男猛を授かりました。

　1979年、美紀は原因不明の病気に罹り、尼崎労災病院に1ヶ月入院。後になり、彼女の病気は川崎病と名前がつきました。

　会社に在籍中は、拓也は上司達から頻繁にいじめを受けました。1977年から1987年にかけて、彼の人生で一番苦しい時期でした。少ない給料と上司からのいじめによるものです。

　拓也は、NNN株式会社大阪支店で国内セールスから始めました。
　次いで1990年に海外営業本部に転勤。
　1991年、拓也は海運会社とのコンピュータ・ネットワーク構築のプロジェクト・チームの仕事を命ぜられ、1992年にはプロジェクト・リーダーになりました。1993年にネットワーク完成。

　1993年の秋に、拓也は海外営業本部の営業部に配属され、ホンコン、シンガポール、インドネシア、マレーシアなどの東南アジア市場を担当しました。1994年にはこれらの国々への出張をしました。1994年、拓也は海外留学を決断し、1996年アメリカのバーモント州へ行きました。

　1997年、拓也は海外留学中にNNN株式会社を退社。
　1998年拓也バーモント州のセントマイケル大学で修士を取得。セントマイケル大学留学中には、F.A.H.（フレッチャーアレン病院）の患者支

援センターでボランテイア活動。

　拓也は、ボランティアとしてバーモント州バーリントンの救世軍で働いたり、さらにバーモント州日米協会の役員秘書として貢献しました。

　1999年拓也はアメリカのバーモント州より帰国。

　拓也は兵庫の数箇所の塾で雇われた後、1999年兵庫県宝塚市でビジネスを開始。

7-3. Sample of a Short History（ショート・エッセイ）
Personal History

　I was born in 1946, the first child of farming parents, in a small town called Sasayama, about 40km from the city of Akita. I grew up in Sasayama, with two brothers and two sisters, attending the local Sasayama elementary and junior high school. After finishing junior high school in Sasayama, I attended a private high school, Kaisei High School, in Tokyo, to prepare for university. I had a hard time studying many subjects for the entrance examinations for university while I was in high school. I also studied at a cram school for entrance examinations. I passed the entrance examination for Tokyo University in 1964.

　I worked part-time at various jobs to put myself through university, living alone in a small apartment in Tokyo. I made friends in several places around Tokyo. In 1968, I completed a bachelor of mechanical engineering degree at Tokyo University, and then I moved to Osaka to join NNN Corporation.

　I got plenty of valuable experience at NNN Company as a mechanical engineer.

自分史

　私は秋田市から約40ｋｍ離れた笹山と呼ばれた小さな町で、農業を営む両親の長男として生まれました。地元の小学校、中学に通いながら、2人の弟と2人の妹と一緒に、笹山で大きくなりました。笹山中学校を卒業後、私は東京の私立海星高校へ受験準備のために入学しました。高校時代は大学入試の勉強で沢山の科目を勉強しなければならず苦しかったものです。入試のため塾へも通いました。1964年東京大学に合格しました。

　大学時代は、東京の小さなアパートの一人住まいで、色々な種類のアルバイトをしました。東京近辺で多くの友人を作りました。1968年に東京大学の機械工学部を卒業しました。それからすぐに大阪のNNN株式会社に就職しました。
　機械技師としてNNN株式会社では多くの貴重な体験をしました。

7-4. Sample of an Essay with a Title（タイトル付エッセイ）

Elementary School Memories

　The village of Hakuba became part of Kobe City in 1953. At that time, turning 7 years old, I entered an elementary school founded by Kobe City. The school name had been changed several times since my parents had studied there. It took less than 10 minutes to get to school from my house. The school gate faced Goemon Street and the other three sides of the school were surrounded by rice fields.

　There was a bank between the fields and the school. We could see the town of Hyogo-cho far away to the north and the fields before it if we climbed the bank.

　There was a shrine inside the school grounds with a beautiful artificial mound in front of the shrine. My mother and I went through the gate of the school, holding each other. We had to show our respect by bowing without any hats before the photo of the Emperor and the imperial prescript for education in the shrine called Hoan-den whenever going to school and coming back home. There were many cherry trees around a pond between the buildings. The view was quite picturesque.

Judging from how old the school building was, the surroundings around the school changed greatly from when my parents were at school. There were some changes as well after I entered the school. The new buildings were built where the old buildings were removed. When I graduated, the old buildings built in the Meiji and Taisho eras were all gone. The teacher in charge of our class was Mrs. Hashiguchi, who was much older than my mother. I remember she was very kind. She praised my picture of a car and put it on the bulletin board in the classroom. This was in an art class soon after I entered school, and I liked her from that moment.

タイトル：小学校の思い出
　白馬村は1953年に神戸市に併合されました。その時7歳になった私は、神戸市が創立した小学校に入学しました。両親がこの学校で学んだ後、学校の名前は数回変わりました。私の家から学校までは約10分以内でした。学校の正門は御右衛門通りに面していて、他の三辺は田んぼに囲まれておりました。

　学校と田んぼの間に堤がありました。私達は、遠く北の方角に兵庫町を見ることができ、堤を登るとその町の前には田んぼが広がっていました。

校庭内には前面に美しい人工の土手をめぐらせた神社がありました。私は母に手をつながれて学校の門をくぐりました。私達は学校の登下校時には、奉安殿と呼んでいた神社に掛かっている教育勅語と天皇陛下の写真に、帽子を取って拝礼をせねばなりませんでした。建物の間の池の周りに沢山の桜の木がありました。絵になる景色でした。

建物の古さから判断すると、両親が通っていた当時からは、学校の周りは変わりました。私が入学してからも幾らか変わりました。新しい建物は、古い建物を壊した後に建てられました。私が卒業したとき、明治と大正時代に建てられた建物はすべて無くなっていました。私のクラスの担任の先生は、橋口先生で私の母より年配の方でした。彼女は非常に親切な方であった事を覚えています。彼女は私の自動車の絵を褒めてくださり、教室の壁にそれを貼り付けてくれました。それは私が学校へ入学してまもなくの美術の時間での出来事でした。それ以来、私は先生が好きになりました。

7-5. Sample of Personal History（自分史）

Personal History

I was married on March 20, 1978 in Tokyo to Tomoko Iwata from Okayama. We were married for twenty-three years before our divorce. Tomoko and I lived in Bunkyo-ku, Tokyo for twenty years from March 1978 to April 2001.

My son, Ryota, was born on November 16, 1980 at Nishi Hospital in Tokyo. He graduated from Yamato University in Yokohama in March 2002. Our daughter was born on September 27, 1983, also at Nishi Hospital in Tokyo. She graduated from Tokyo University. She now works for Osaka City Hospital as a physical therapist.

My father was killed by a drunk driver on July 20, 1969, when he had just started working again after having major stomach surgery. He was buried at Takada Memorial Cemetery in his home town of Akita. He had worked for NNN Corporation as a mechanical engineer for more than 30 years. Many former company coworkers attended his funeral ceremony.

自分史
　1978年3月20日に岡山出身の磐田智子と結婚しました。私たちが離婚するまで23年間結婚生活を送りました。私と智子は1978年3月から2001年4月の23年間、東京の文京区に住んでいました。

　息子の良太は、1980年11月16日に東京の西病院で生まれました。彼は2002年3月に横浜の大和大学を卒業しました。私たちの娘は、1983年9月27日東京の西病院で生まれました。彼女は東京大学を卒業しました。彼女は今、大阪市民病院で理学療法士として働いています。

　私の父は、1969年7月20日飲酒運転の車にはねられ死亡しました。父は胃の大手術を受けた後働き始めた直後でした。彼は彼の故郷である秋田県の高田メモリアル公園で眠っています。父は30年以上NNN株式会社で機械技術者として勤めました。彼のお葬式には、沢山のかつての同僚が来てくれました。

PART 8 年 表

8-1. 年表１．

年表	日本史(日)タイトル	日本史(英)タイトル	世界史(日)タイトル	世界史(英)タイトル
1937 (S12)	人民戦線事件、検挙者400人	Popular Front Incidlut : some 400 liberals and leftists arrested	日本、北京、南京、上海を占領	Japanese seized Peking, Nanking, and Shanghai.
1938 (S13)	国家総動員法成立	Passage of the National Mobilization Law.	日本、青島に侵攻	Japanese entered Tsingtao.
1939 (S14)	ノモンハン事件	Nomonhan Incident.	第2次世界大戦ヨーロッパで始まる	World War II begins in Eupope.
1940 (S15)	日独伊三国同盟	Triparties Pact signed by Japan, Germany, and Italy.	ドイツ、ノルウエーとデンマークを侵略	Germany invades Norway and Denmark.
1941 (S16)	日ソ中立条約調印	Soviet - Japanese Neutrality Pact signed.	日本の真珠湾攻撃、太平洋戦争始まる	Japanese bombed Pearl Harber December 8. Pacific War commences.
1942 (S17)	連合艦隊、ミッドウェー海戦敗北	Japanese naval fleet defeated In the Battle of Midway.	アメリカ政府、日本人2世10万人以上を西海岸から内陸部のキャンプへ移動	U.S. government transferred more than 100,000 Nisei from West Coast to inland camps.
1943 (S18)	海軍大将、山本五十六戦死	Death of lord of Admiral Yamamoto Isoroku.	N.Y.ヤンキース、Wシリーズで4対1セントルイスに勝利	NY defeats St.Louis to win World Series 4-1.
1944 (S19)	サイパン陥落、	Saipan falls.	南カリフォルニア、29対0でワシントンにローズボールで勝利	Southern California wins Rose Bowl football game, 29-0, agaist Washington.
1945 (S20)	原子爆弾、広島、長崎に投下	Atomic bomb dropped on Hiroshima and Nagasaki.	日本降伏で第2世界大戦終結	Japanese surrenders; the end of World War II.
1946 (S21)	極東国際軍事裁判	Commencement of the International Military Tribunal for the Far East.	ユネスコ創設	UNESCO established.
1947 (S22)	日本国憲法公布	Constitution of Japan promulgated.	インドとパキスタンが独立	India and Pakistan become independent.
1948 (S23)	優生保護法制定	Eugenic Protection Law was enacted.	ガンディー暗殺される	Gandhi assassinated

PART 8 年表

1949 (S24)	湯川秀樹、ノーベル物理学賞受賞	Hideki Yukawa wins Nobel Prize for Physics.	中華人民共和国成立	People's Republic Of China established.
1950 (S25)	警察予備隊創設	National Police Reserve created.	朝鮮戦争勃発	Korean War begins.
1951 (S26)	サンフランシスコ平和条約	Signing of the San Fransisco Peace Treaty.	北朝鮮38度線を突破、ソウルを占拠	North Korea forces break through at 38th, take Soul.
1952 (S27)	戦後初めてヘルシンキでの第15回夏のオリンピックへ参加	Japan participated in the 15th Summer Olympic Games at Helsinki.	チャーチル,イギリスの原爆の製造を発表	Churchill announces that Britain has produced an atomic bomb.
1953 (S28)	テレビ放送開始	Start of TV Broadcast.	ソ連、水爆実験成功を発表	The Soviet Union announces its successful testing of a hydrogen bomb.
1954 (S29)	第5福竜丸事件	Japanese fishing boat contaminated by fallout from a US atomic test on Bikini.	アメリカの2900万世帯にテレビが普及	29million homes have TV in US.
1955 (S30)	ガットに参加	Japan joins GATT.	アメリカのゴルフ統計によると、ゴルフ人口、3800万人が約5000のコースでプレイ	U.S. golf statistics show that the game is played by 3.8 million people on approximately 5,000 courses.
1956 (S31)	国際連合に加盟	Japan granted membership in the United Nations.	オーストラリアのメルボルンでオリンピック開催	Melbourne Olympic Games held in Australia.
1957 (S32)	南極観測隊昭和基地を建設	Japan antarctic research expedition establishes Showa Station in Antarctica.	ソ連発の人口衛星、スプートニクの打ち上げに成功	Soviet Union launches the first spaec satellite, Sputonik 1.
1958 (S33)	東京タワー完成	Construction of Tokyo Tower completed.	アラスカがアメリカ第49番目の州となる	Alaska becomes 49th state of the U.S.
1959 (S34)	メートル法実施	Adoption of the metric system.	ハワイがアメリカ第50番目の州となる	Hawaii becomes 50th sate of the U.S.
1960 (S35)	日米新安全保障条約調印	Signing of the New Japan-America Security Treaty.	テレビ： アメリカ8500万台、イギリス1500万台、西ドイツ2000万台、フランス1500万台	TV sets: U.S. 85 million, Britain 10.5 million, W.Germany 2 million, France 1.5 million.

1961 (S36)	エドウィン・ライシャワー、米国駐日大使となる	Edwin O. Reishauer becomes U.S. ambassador to Japan.	ベルリンの壁建設始まる	Construction of the Berlin Wall begins.
1962 (S37)	サリドマイドの販売中止	Sale of thalidomide in Japan halted.	キューバミサイル危機、アメリカとソ連の間で緊張	Cuban missile crisis causes acute tension between the U.S. and USSR.
1963 (S38)	黒四ダム完成	Construction of Kurobe Dam completed.	アメリカ大統領ジョンF. ケネディ、ダラスでオズワルドに暗殺される	President John F. Kennedy assassinated by Lee Harvey Oswald in Dallas.
1964 (S39)	東京オリンピック	Tokyo Olympic Games.	ダグラス・マッカーサー没	Douglas MacArthur died.
1965 (S40)	朝永振一郎、ノーベル物理学賞受賞	Shinichiro Tomonaga wins Nobel Prize for Physics.	アメリカ軍北ベトナム空爆開始	US airforces begin bombing North Viet Nam.
1966 (S41)	ビートルズ武道館東京公演	The Beatles perform at the Nippon Budokan in Tokyo.	中国で文化大革命	Cultural Revolution sweeps across China.
1967 (S42)	吉田茂元首相没	Former Prime Minister, Shigeru Yoshida died.	イスラエルとアラブ諸国間の6日戦争始まる	Six-day War between Israel and Arab nations begins.
1968 (S43)	川端康成、ノーベル文学賞	Yasunari Kawabata, Nobel Prize for Literature.	メキシコ・オリンピック開催、112カ国から6000人が参加	Mexico City Olympic Games host more than 6000 competitors from 112 countries.
1969 (S44)	佐藤ニクソン共同声明、沖縄返還に合意	Sato-Nixson Communiqué: agreement reached on the reversion of Okinawa to Japan.	アポロ11号初の月面着陸	Apollo 11 spacecraft puts the first man on the moon.
1970 (S45)	日本万国博覧会、大阪で開幕	EXPO '70 opens in Osaka.	ベトナム戦争反対デモで4人の学生が死亡、オハイオ州	Student protests against Viet Nam War result in killing of four by the National Guard at Kent State University in Ohio.
1971 (S46)	円の切り上げで不況招く(¥308-=US$1)	Revaluation of the Yen(¥308-=US$1) depresses the Japanese economy.	ハンク・アーロン、600号ホームラン	Hank Aaron hits 600th homerun.

PART 8 年表

1972 (S47)	沖縄返還	U.S. returns Okinawa to Japan.	ウォーターゲイト事件	Watergate affair.
1973 (S48)	江崎玲於奈、ノーベル物理学賞共同受賞	Reona Esaki shares Nobel Prize for Physics.	第4次アラブイスラエル戦争（中東戦争）オイルショックの引き金となる	Fourth Arabu-Israeli War triggers the oil crisis.
1974 (S49)	田中角栄首相金脈問題で辞職	Resignation of Prime Minister Kakuei Tanaka amid allegations of involvement in financial scandals.	世界的にインフレ進行、物価上昇、食料品、ガソリン、衣料品	Worldwide inflation helps to cause dramatic increases in the cost of fuel, food and materials.
1975 (S50)	昭和天皇と良子皇后、アメリカ訪問	Emperor Showa and Empress Nagako visit the United States.	北ベトナム全土を統一	North Vietnam achieves the unification of Vietnam.
1976 (S51)	ロッキード事件、田中角栄収賄罪で告訴	Lockeed Scandal: Kakuei Tanaka charged with taking bribes.	超音速旅客輸送機コンコルドがロンドンとパリ間で就航	Supersonic passenger service, Concorde is inaugurated from London to Paris.
1977 (S52)	日本は漁業専管水域200海里を実施	Japan sets limit at 200 nautical miles from its coasts.	ニューヨーク大停電	New York power failure.
1978 (S53)	日中平和友好条約調印	Japan-China Peace and Friendship Treaty signed.	世界の人口、約44億人	World's population stands at about 4.4 billion persons.
1979 (S54)	元号法公布	Enactment of the Era Name Law.	スリーマイル島の原子力発電所事故、大惨事をかろうじて免れる	Nuclear disaster is narrowly averted at Three Mile Island.
1980 (S55)	日本の自動車生産台数アメリカを超える	Japanese automobile production outpaces that of the U.S.	第22回モスクワ・オリンピック開催、50各国以上ボイコット	The 22th Oliympic Games begins in Moscow. Over 50 nations boycott it.
1981 (S56)	福井謙一、ノーベル化学賞受賞	Kenichi Fukui wins Nobel Prize for Chemistry.	シャトル、コロンビアの処女フライト成功	The first U.S. space shuttle, Columbia, successfully makes its maiden flight.
1982 (S57)	第2次臨時行政調査会	Second Provisional Commission for Administrative Reform.	メキシコのエル・チチョン火山大噴火、火山灰とガスは成層圏にまで到達	EL Chichon volcano, Mexico, erupts cataclysmically, sending dust and gases into the stratosphere.

157

1983 (S58)	東京ディズニーランド開園	Tokyo Disneyland opened.	トルコ地震で1200人死亡	An earthquake in Turkey kills 1,200 people.
1984 (S59)	韓国大統領、全斗煥、国賓として来日	Korean president Chŏn Du-hwan makes state visit to Japan.	イギリスと中国、香港返還合意書に調印	The United Kingdom and China sign on an agreement stipulating the restoration of Hong Kong to China.
1985 (S60)	日本で最初のエイズ患者報告	First cases of AIDS reported in Japan.	ミハイル・ゴルバチョフ、ソビエト共産党書記長に選出される	Mikhail Corbachov elected general secretary of the Communist Party of the Soviet Union.
1986 (S61)	東京サミット開催	Tokyo Summit held in Tokyo.	ソ連チェルノブイリ原子力発電所で事故	Nuclear accident at Chernobyl in the Soviet Union.
1987 (S62)	利根川進、ノーベル医学生理学賞受賞	Susumu Tonegawa wins Nobel Prize for Physiology and Medicine.	ポルトガルと中国、1999年にマカオを中国に返還合意	Portgal and China agree on the return to China in 1999 of Macao.
1988 (S63)	リクルート事件	Recruit Scandal.	ソウルオリンピック開催	Seoul Olympic Games opens.
1989 (S64 and H1)	昭和天皇死去	Passing of Emperor Hirohito.	ベルリンの壁崩壊	Berlin Wall demolished.
1990 (H2)	ジャーナリスト秋山豊寛、ソユーズTM11号に搭乗,最初の日本人宇宙飛行士となる	Toyohiro Akiyama, journalist joins the crew of Soyuz TM11, he becomes the first Japanese astronaut.	東西ドイツ統一	Reunification of Germany.
1991 (H3)	雲仙、普賢岳で大規模火砕流発生	Large-scale pyroclastic frow outbreak at Mt. Fugendake in Unzen.	ソビエト連邦解体	Soviet Union dissolved.
1992 (H4)	国連平和維持活動法案成立	The Peace Keeping Operations Bill passed by the Diet.	カンボジア国連暫定政府活動開始	United Nations Transitional Authority in Cambodia begins operations.
1993 (H5)	自民党38年ぶりに政権を失う	The LPD lost the political power after an internal of 38 years.	欧州連合条約発効	Treaty on European Union becomes effective.

1994 (H6)	大江健三郎、ノーベル文学賞受賞	Kenzaburo Oe wins Nobel Prize for Literature.	アフリカのルワンダで100万人近くが大虐殺される	Up to 1 million Rwandans were slaughtered in Africa.
1995 (H7)	阪神淡路大震災、死者6000人以上	The Great Hanshin Earthquake results in more than 6,000 deaths.	GATTに替わる世界貿易機関（WTO）発足	World Trade Organization (WTO) established as replacement for GATT.
1996 (H8)	薬害エイズ事件	AIDS Scandal.	英国で狂牛病（BSE）問題、EUが英国産牛肉の輸出を禁止	EU bans export of British product Beef because of BSE issue.
1997 (H9)	地球温暖化防止京都会議開催	Kyoto Conference on Global Warming held in Kyoto.	日米防衛協力の指針公表	Guidelines for US-Japan Defense Cooperation issued.
1998 (H10)	長野冬季オリンピック開催	The Winter Olympic Games in Nagano.	インドとパキスタンが核実験	India and Pakistan make nuclear testing.
1999 (H11)	初めての脳死移植行われる	Organ transplant from a brain dead donor is performed.	ヨーロッパ通貨ユーロの使用開始	European currency Euro starts to be circulated.
2000 (H12)	白川英樹、ノーベル化学賞受賞	Shirakawa Hideki wins Nobel Prize for Chemistry.	ロシア大統領にプーチンが就任	Putin elected President of Russia.
2001 (H13)	野依良治、ノーベル化学賞受賞	Ryoji Noyori wins Nobel Prize of Chemistry.	2機のハイジャックされた飛行機がニューヨークのツインタワー（世界貿易センター）に突っ込む	Two hijacked Planes hit into the Twin Towers, World Trade Center in NY.
2002 (H14)	田中耕一、ノーベル化学賞受賞	Koichi Tanaka wins Nobel Prize for Chemistry.	APECタイのバンコックで開催	APEC opens in Bangkok in Thailand.
2003 (H15)	自衛隊イラク派遣	Self-Defense Forces of Japan dispatched to Iraq.	北京で第1回6カ国協議始まる、南北朝鮮、中国、日本、ロシア、アメリカが参加	The first round of six-country talk involving the U.S. North and South Korea, China, Japan and Russia held in Beijing.
2004 (H16)	日本はアテネオリンピックで16個の金メダルを獲得	Japan wins 16 gold medals in the Athens Olympic Games.	インドネシアスマトラ大規模津波発生、死者23万人以上	Tsunami hits Indonesian Sumatra, kills more than 230 thousand people.
2005 (H17)	愛知万博開催	Aichi Expo opens	ハリケーンカトリーナ、アメリカ南部海岸を襲う2005年8月29日	Hurricane Katrina strikes the Southern Port Coast of the U.S. on August 29,2005.

2006 (H18)	第1回ワールド・ベースボールクラシック（WBC）で日本優勝	The Japanese beseball team wins the first world beseball Classic	国際天文学連合総会で太陽系惑星から冥王星をはずす	Pluto is omitted from the solar system planet at the Astronomical Union meeting
2007 (H19)	ガソリン高騰、リッター価格150円突破	Gas price exceeds 150 yen per litter	米国でサブプライム・ローン破綻問題発生	Subprime loan failure outbreak in America
2008 (H20)	日本人一挙4人ノーベル賞受賞。益川氏、南部氏、小林氏、下村氏	Four Japanese scientists win Nobel Prize, Masukawa, Nambu Kobayashi, Shimomura	北京五輪開幕	Olympic games open in Bejing
2009 (H21)	大手企業軒並み収益悪化	Profit of Japanese major companies turn worse.	バラク・フセイン・オバマが黒人初の米国大統領となる	Barack Hussein Obama becomes the black first American president.

8-2. 年表2.

西暦	国内	国外
1935	美濃部達吉「天皇機関説」批判さる ソ連より中東鉄道譲渡の協定成立 袴田里見検挙、共産党中央委員会壊滅 臨時利得税法公布 文部省、国体明徴を訓令 満州国皇帝来訪 青年学校令公布 内閣審議会官制公布 梅津・何応欽協定 チャハル事件 対カナダ通商擁護法発動勅令 皇道派・統制派の対立深刻化 国体明徴声明 長田鉄山刺殺さる、相沢事件 リース＝ロス来日 第1回芥川賞（石川達三） 第1回直木賞（川口松太郎） 第2次国体明徴声明 寺田寅彦死去	ザール人民投票 ソ連のジノヴィエフら検挙さる 英仏会議 ドイツ、再軍備宣言 ペルシア、国名をイランと改称 ストレーザ会議 ポーランド新憲法成立 モスクワに地下鉄開通 仏ソ相互援助条約 ヒトラーの「平和計画」演説 ナチス、「ニュールンベルク法」公布、ユダヤ人を劣等人種に 独、国際連盟を脱退 アメリカでワグナー法成立 コミンテルン第7回大会 エチオピア戦争開始 フィリピン連邦共和国成立 ロンドン第2次海軍軍縮会議始まる エジプト憲法復活 中共、抗日民族統一戦線提唱 イギリスでテレビジョン放送開始
1936	岡田内閣議会解散 ロンドン軍縮会議脱退 2・26事件 特設軍法会議開かれる 内田康哉死去 陸海軍大臣現役制復活 斎藤隆夫の粛軍演説 中野正剛ら、東方会結束 「国民歌謡」放送開始 日本民芸館開館 新国会議事堂落成 ワシントン海軍軍縮条約時限失効	ロンドン軍縮会議 パヴロフ死去 イラン、婦人の外被着用禁止 ドイツ、ロカルノ条約破棄宣言 ソ連・モンゴル相互援助協定締結 全インド農民組合成立 ドイツ、非武装地帯ラインラント占領 ゴーリキー死去 日独防共協定調印 イタリア、エチオピアを植民地化 西安事件 スペイン内乱勃発。フランコ将軍クーデターを宣言 英国王エドワード8世、シンプソン婦人との恋愛のため退位 スターリン憲法制定

1937	広田内閣総辞職	汪兆銘帰国
	文化勲章制定	西安事件解決
	糸価安定施設法公布	ゲルニカ爆撃
	防空法公布	ビルマ、インドより独立
	第20回総選挙　林内閣総辞職	インドネシア人民運動結成
	企画庁設置	「ヒンデンブルグ号」炎上
	第1次近衛文麿内閣成立	ドイツ、ブッヘンバルト強制収容所開設
	盧溝橋事件、日中、全面戦争に突入	英国チェンバレン挙国一致内閣成立
	対中大方針の宣明	フランスのブルム内閣倒れ、第3次ショータン内閣成立
	通州事件	
	防空法実施	フランの平価再切り上げ
	企画院設置	英独海軍条約
	国民精神総動員中央連盟結成	上海大山事件
	大本営設置	毛沢東、「実践論」「矛盾論」を著す
	日独伊3国軍事同盟条約調印	韓国光復戦線結成
	トラウトマン和平工作の開始	中ソ不可侵条約
	大本営令公示	第2次上海事件
	南京陥落、南京事件	ドイツ、ベルギーの中立不可侵保障
	パネー号事件	ヒトラーのホスバッハ覚書
		日独伊3国軍事同盟
		スペイン新政府成立。フランコ総統に就任
		イタリア、国際連盟を脱退
		アイルランド、エール共和国と改称
		ボリビア、米国系石油会社を国有化
1938	厚生省設置	スペイン国家基本法発布
	国民政府を相手にせずの近衛声明	ナチス国防軍事件
	第2次人民戦線事件	ルーマニア国王カロル、独裁制宣言
	憲法発布51周年、減刑令等	朝鮮人陸軍特別志願兵令公布
	石川達三「生きてゐる兵隊」発禁	ドイツ、オーストリアを併合
	国家総動員法公布	ソ連のブハーリンを処刑
	電力管理法・日本発送電株式会社法公布	メキシコ、石油国有化宣言米英系石油会社の国有化を宣言
	徐州攻略	
	近衛改造内閣	国民党臨時全国大会、抗戦建国綱領を採択
	御前会議、武漢作戦・広東作戦を決定	サルトル、実存主義を提唱
	張鼓峰事件	ヒトラー、ローマを訪問。ムッソリーニと「永遠の同盟」誓う
	関西地方に豪雨（死者933人）	
	東亜研究所設立	ブラジルにてファシスト組織インテグラリスタの反乱
	武漢・三鎮占領	
	広東占領	毛沢東、「持久論」発表
	元田肇死去	英・仏・独・伊、ミュンヘンにて会談（ミュンヘン会談）
	近衛首相、東亜新秩序建設を声明	
	岩波新書創刊	ドイツ全土でユダヤ人大虐殺始まる
	東大総長に海軍造船中将平賀譲就任	フランス人民戦線崩壊
	近衛首相、近衛三原則を声明	英国、兵役登録開始
		チリ人民戦線政府発足
		ソンクラーム、タイ首相に就任

1939	横綱双葉山敗れる（69連勝） 平賀東大総長、河合栄治郎・土方成美両 　教授の休職を文相に上申 日本軍、海南島上陸 商工省、鉄製不急品の回収を開始 日本放送協会、有線テレビ実験を公開 映画法公布 政友会分裂 ノモンハン事件、ホロンバイル越境事件 長嶺子事件 昭和電工設立 米国、日米通商航海条約破棄通告 日英東京会談 厚生省に人口問題研究会設置 大毎・東日のニッポン号、世界１周飛行 欧州戦争不介入の声明 日満ソ蒙国境協定 第１回興亜奉公日 価格等統制令・地代家賃統制令・賃金臨時 　措置令・会社員給与臨時措置令各公布 南寧占領 米穀強制買上制実施 小作料統制令公布 朝鮮総督府、創氏改名、日本名を強要	ハンガリー、防共協定加入 ロンドンでパレスチナ問題円卓会議 中ソ航空協定 フランコ軍、マドリード入城。スペイン内 　乱終結 ドイツ、ボヘミア・モラヴィアを併合 NY万博開催（〜40） 第２次世界大戦開始 アインシュタインら、ルーズベルト大統領 　に原爆製造の可能性を書簡で知らせる インドネシア政治連合結成 独伊軍事同盟調印 シャム、不平等条約を改正し、タイと国名 　を改称 独ソ不可侵条約調印 ドイツ、ポーランド侵入 英仏、対独宣戦 第２次世界大戦開始 アメリカ、中立を宣言 カナダ、対独宣戦布告 パナマで第１回米州諸国外相会議 アメリカ、武器禁輸条項を撤廃 ソ連・フィンランド戦争 国連総会、ソ連除名決議
1940	津田左右吉、右翼の攻撃で早大教授を辞任 斎藤隆夫の粛軍演説問題化 紀元2600年で減刑等 社会大衆党分裂 聖戦貫徹議員連盟結成 国民体力法公布 「小学国史」、尋常科用上巻使用開始 東京市、外米6割混入の米を配給 日タイ友好条約調印 木戸幸一、内大臣就任 日中国交調整交渉 政友会両派解党 民政党解党 東京市内の「贅沢品は敵だ！」の立看板 日独伊３国軍事同盟条約調印 仏印進駐 大政翼賛会創立 東京のダンスホール閉鎖 西園寺公望死去 砂糖・マッチ切符制全国実施 正倉院御物特別展 神祇院設置	毛沢東、「新民主主義論」発表 日米通商条約失効 ラホール決議 ヒトラー、アウシュビッツ強制収容所建設 　を命令 ドイツ、デンマーク・ノルウェー攻略 チャーチル、首相就任演説「目的は勝利。 　それだけだ」 ドゴール、ロンドンに脱出 イタリア、対英仏宣戦 パリ陥落 フランス、ドイツに降伏 モンゴル、新憲法採択 フランス政府、ヴィシーに移る ドイツ、イギリス攻撃開始 ソ連、バルト３国併合 トロツキー、メキシコで暗殺さる ビルマ人独立期成大会 ドイツ、イギリスに対し幻の「アシカ作戦」 イタリア軍、ギリシア侵入 F・ルーズベルト、史上初の３選 チャップリンの「独裁者」発表

	情報局設置	ハンガリー、日独伊3国同盟に加入
		ルーマニア、同同盟に加入
		スロヴァキア、同同盟に加入
		アインシュタイン、アメリカに帰化
1941	大日本興亜同盟結成	ルーズヴェルト大統領、「4つの自由」演説
	大日本青少年団結成	ブルガリア、3国同盟に加入
	情報局、総合雑誌社に執筆禁止者名簿内示	汪兆銘、「重慶迷夢戒論」を発表
	東方会結成	ドイツ軍など、ユーゴとギリシャへ攻撃開
	治安維持法改正公布	始
	日ソ中立条約	クロアチア独立
	日仏印経済協定	タイ・フランス和平協定調印
	企画院事件	アメリカ、国家非常事態宣言
	8日、初の肉なし日	ドイツ、ソ連進攻
	日蘭交渉中止	英ソ相互援助協定調印
	アメリカ、在米日本資産凍結	ABCDライン対日包囲網が敷かれる
	英国全領、日本資産凍結、日英通商航海条	太平洋憲章
	約破棄通告	ソ連軍、反撃開始
	蘭印、日本資産凍結	ロンドン大空襲開始
	日仏印共同防衛協定	ムハンマド・レザー・パフラヴィー、イラ
	アメリカ、対日石油輸出を全面停止	ン国王に
	乗用車のガソリン使用81パーセント規制	米英ソ3国代表、モスクワで協議
	音楽挺身隊結成	ドイツのモスクワ攻撃失敗
	東条内閣成立	オーソン・ウェルズ、「市民ケーン」監督、
	尾崎秀実ら検挙、ゾルゲ事件	主演
	御前会議、「帝国国策遂行要領」を決定	重慶の国民政府、日独伊に対して宣戦
	ハル＝ノート提出さる	大韓民国臨時政府、対日宣戦布告
	日本軍、真珠湾攻撃。太平洋戦争勃発	独伊、対米宣戦
	マレー沖海戦	
	香港攻略	
	南方熊楠没	
1942	マニラ占領	タイ、英米に宣戦布告
	全国水平社解散	連合軍26カ国共同宣言
	大蔵省、大東亜戦争国債発行	中国共産党内整風運動始まる
	シンガポール占領	蒋介石、インド訪問
	衣料・味噌醬油切符制実施	英米合同参謀本部結成
	米機、日本初空襲	日独伊新軍事協定、調印
	ジャワ島上陸	中国軍、ビルマ戦線に出動
	ラングーン占領	フィリピン抗日人民軍成立
	バターン半島占領	毛沢東、「文芸講和」を発表
	尾崎行雄、選挙演説に関し不敬罪で起訴	スターリングラードの戦い始まる
	金子堅太郎死去	「マンハッタン計画」開始
	日タイ経済協定	朝鮮語学会会員に対する大検挙始まる
	ゾルゲ事件裁判	イギリス、北アフリカ戦線反撃開始、英米
	ミッドウェー海戦	軍、北アフリカ上陸
	米軍、ガダルカナル上陸	ドイツ、フランスの非占領地帯に進駐
	ソロモン海戦（第1次〜第3次）	ユーゴで民族解放反ファシスト評議会結成

	閣議、大東亜省設置を決定 細川嘉六、「改造」掲載論文を追及され検挙 ガダルカナル島攻防をめぐり南太平洋会戦 大東亜省設置 清浦奎吾死去 大本営、ガダルカナル島撤退を決定 大日本言論報国会設立（会長徳富蘇峰）	アメリカ、原子核分裂による連鎖反応実験に
1943	ニューギニアのブナで日本軍全滅 ジャズなど米英音楽曲約1000種の演奏禁止 日本、ガダルカナル島にて敗退 谷崎潤一郎の「細雪」、連載禁止に 山本五十六戦死 アッツ島守備隊玉砕 工場法戦時特例公布 創価教育学会の牧口常三郎ら幹部検挙 東京都制実施 日ビルマ同盟条約、ビルマ政府、独立を宣言 上野動物園、空襲時にそなえて猛獣を薬殺 25歳未満女子を勤労挺身隊として動員御前会議、「今後執るべき戦争指導の大綱」決定 神宮外苑競技場で出陣学徒壮行会 大東亜会議開催 徴兵年齢1年引き下げ	カサブランカ会談開始 スターリングラードの独軍降伏 イタリア北部で労働者のスト ワルシャワ・ゲットーの蜂起 北アフリカ戦線終了 デトロイトで黒人暴動 ケベック会談 レバノン共和国 ムッソリーニ、ドイツ軍に救出さる ドイツ軍、アルバニア占領開始 フィリピン共和国成立 国民政府主席に蒋介石 カイロ会談 テヘラン会談 英空軍のベルリン大空襲開始 ベンガル大飢饉
1944	大本営、インパール作戦許可 「中央公論」「改造」等の編集者検挙 米軍、マーシャル群島上陸 俳優座結成 東京で雑炊食堂開設 歌舞伎座・東京劇場等休場 新聞の夕刊廃止 B29、北九州空襲 マリアナ海戦 サイパン島失陥 東条内閣総辞職 米軍、グアム島・テニヤンに上陸 「中央公論」「改造」に廃刊命令 国民総武装決定で、竹槍訓練開始 大日本戦時宗教報国会結成 特攻隊の初出撃 レイテ決戦 ゾルゲ・尾崎秀実、死刑執行 汪兆銘、名古屋で死去 マリアナ基地のB29、東京初空襲 大本営、レイテ地上決戦方針を放棄	シリア共和国成立 ムンク死去 延安に日本人民解放連盟 西安で国共会談始まる アメリカ共産党解党 ローマ解放さる ノルマンディー上陸作戦 アイスランド共和国、独立宣言 ブレトンウッズで国際経済会議 グアテマラで革命。独裁者ウビコ追放 ヒトラー暗殺未遂事件 ポーランド民族解放委員会成立 サンテグジュペリ、コルシカ島沖合いで行方不明 ワルシャワ蜂起 ドゴール、パリ凱旋、臨時政府首相に就任 パリ解放 スロヴァキア国民蜂起 ドゴール、共和国臨時政府樹立 F・ルーズベルト、史上初の4選 アルバニア全土解放

		ギリシャで抵抗勢力と英軍との対立深まる
		「ハンガリー民族独立戦線」によって臨時政府が設置さる
1945	戦争敗北の流言広まる	ソ連軍、アウシェビッツ収容所を解放
	B29、東京を大空襲	ワルシャワ解放さる
	名古屋・大阪・神戸空襲さる	ハンガリー臨時政府、連合軍と休戦協定
	大日本政治会結成	ヤルタ会談
	米軍、沖縄上陸	米軍、硫黄島に上陸
	小磯内閣総辞職	米軍、マニラ奪回
	西田幾多郎没	ロイド＝ジョージ没
	ひめゆり部隊の多数自決	F・ルーズベルト死去
	花岡事件	ムッソリーニ銃殺さる
	ソ連に和平斡旋申し入れ	ヒトラー、ベルリンで自殺
	トルーマンら、対日ポツダム宣言発表	赤軍、ベルリン突入
	広島・長崎に原爆が投下さる	ベルリン陥落
	ソ連、日本に宣戦布告	ドイツ、東西に分裂
	ポツダム宣言受諾、降伏	米英ソ、ポツダム会談
	マッカーサー厚木に到着	英労働党内閣成立
	降伏文書調印	第2次世界大戦終結
	GHQ、プレス＝コード指令	世界労働組合連盟結成
	天皇、マッカーサーを訪問	朝鮮、南北に分裂
	GHQ、民主化を指令	チャンドラ＝ボース没
	政治犯釈放さる	インドネシア、独立を宣言
	治安維持法廃止	ベトナム民主共和国独立宣言
	「文芸」等復刊	米ソによる朝鮮南北分裂
	日本社会党結成	国際連合成立
	日本自由党結成	ニュルンベルク国際軍事裁判開始
	対日理事会設置	ユーゴ、王制廃止。連邦人民共和国宣言
	修身・日本歴史・地理の授業停止	イランでアゼルバイジャン自治共和国樹立
1946	天皇陛下の所謂「神格否定」	第1回国連総会。安全保障理事会成立
	戸田城聖、創価学会を再建	ベトナムでホー・チン・ミン主席の人民政府が成立
	公職追放令	
	緊急金融措置令	国共停戦協定
	天理本道設立	アルバニア人民共和国成立
	米国教育使節団来日	ハンガリー、王制。共和国宣言
	第22回総選挙	チャーチル、「鉄のカーテン」演説
	幣原内閣総辞職	ソ連閣僚会議議長、スターリンに
	ひめゆりの塔建立	ケインズ死去
	漫画「サザエさん」、『夕刊フクニチ』に連載開始	極東国際軍事裁判開廷
		アメリカ、ビキニ環礁で原爆実験
	メーデー復活	フィリピン共和国独立
	極東国際軍事裁判開廷	朝鮮労働党創立
	鳩山自由党総裁追放さる	アメリカにてフルブライト法成立
	協同民主党結成	ギリシア、人民投票で王制承認
	GHQ、農地改革の徹底化を政府に勧告	ブルガリア、王制廃止
	「歴史学研究」復刊	ニュルンベルク国際軍事裁判、最終判決
	ラジオで「尋ね人」再開	第2次フランス憲法草案人民投票で承認

	暴行殺人犯小平義雄逮捕 持株会社整理委員会成立 生活保護法公布 経団連設立 日本国憲法公布 政府、当用漢字表・現代かなづかいを告示 閣議、傾斜生産方式を決定 ラジオに「話の泉」登場（初のクイズ番組）	フランス総選挙で共産党が第1党に オランダとインドネシア間で、リンガルジャティ協定 仏軍、ベトナム軍を攻撃
1947	吉田首相、「不逞のやから」と年頭の辞 2・1ゼネスト中止指令 日本ペンクラブ再建 文部省、ひらがな先習教科書発表 国民協同党結成 日本進歩党解散 民主党結成 教育基本法・学校教育法各公布 戦後初の国際婦人デー 労働基準法公布 独占禁止法公布 日本国憲法施行 石橋湛山蔵相ら追放さる 沖縄民主同盟結成 公正取引委員会発足 初の「経済白書」 最高裁判所発足 古橋広之進、400M自由形で世界新記録 労働省・特別調達庁設置 国家公務員法公布 職業安定法公布 100万円宝くじ売り出し、即日売り切れ 社会党左派、党内野党を声明 過度経済力集中排除法公布 内務省解体	連合軍、伊・ルーマニア・ハンガリー・ブルガリア・フィンランドとの講和条約調印 トルーマン・ドクトリン（一般教書演説） フランコ総裁、スペインの終身国家元首に フランス、内閣から共産党員を排除 マーシャル・プラン提唱 タフト・ハートレー法成立 ヨーロッパ経済復興会議 インド連邦・パキスタン自治領の成立 コミンフォルム結成 GATT調印 国連総会、朝鮮からの米ソ同時撤兵案を否決 国連総会、パレスチナ分割決議 イタリア共和国成立 「死海写本」発見さる
1948	帝銀事件 平野力三の追放決定 法務庁設置 民主自由党結成 GHQ、祝祭日に国旗掲揚許可 新制高校発足 海上保安庁設置法公布 東宝争議 海上保安庁設置 教育勅語失効さる 昭和電工疑獄事件 政令201号公布 GHQ、新聞事前検閲制を廃止、事後検閲制に	印パ、カシミール紛争で国連に提訴 ガンジー暗殺さる ライト兄弟のオーヴィル・ライト死去 ビルマ独立 セイロン自治国成立 朝鮮人民軍創設さる ベルリン封鎖始まる OEEC結成 ソ・フィン友好条約調印 イスラエル建国、第1次中東戦争勃発 蒋介石、中華民国の初代総統に 米州機構（OAS）設立 コミンフォルム、ユーゴ共産党を除名 大韓民国建国

	昭和電工疑獄事件 芦田内閣崩壊 小学校で5段階評価採用 極東国際軍事裁判最終判決 労働者農民党結成 人事院発足 岸信介らA級戦犯容疑者釈放	朝鮮民主主義人民共和国建国 インドネシアでマディウン事件 世界人権宣言 オランダ、対インドネシア第2次攻撃
1949	国旗の自由掲揚を許可 農地改革終了 前進座俳優、共産党に集団入党 ドッジ＝ラインの指示 単一為替レート決定 シャウプ税制使節団来日 通産省設置 新制国立大学69校開学 映倫設置 平事件 芥川賞・直木賞復活 商工省廃止、通産省に 東京・大阪間特急復活（へいわ号） 「きけわだつみのこえ」刊 全国大学教授連合、反レッドパージ声明 シャウプ税制勧告発表 若槻礼次郎死去 日英通商協定成立 湯川秀樹、ノーベル物理賞受賞 プロ野球、2リーグに分立 全国産業別労働組合連合結成 私立学校法公布 社会党、全面講和・中立堅持・軍事基地反対の平和三原則を決定	トルーマン、低開発地域経済開発計画提唱 蔣介石引退 世界労連分裂 第1次中東戦争、休戦協定 フランス・ベトナム協定 シャム新憲法制定。国号をまたタイと改める NATO発足 ビルマ、人民民主政府樹立 ベルリン封鎖解除 人民解放軍、上海占領 南ベトナム成立 毛沢東、「人民民主独裁について」発表 フランス・ラオス協定調印 ドイツ連邦共和国成立 ソ連、原爆保有を発表 中華人民共和国・中央人民政府成立 ドイツ民主共和国憲法発効 フランス・カンボジア協定調印 カナダ独立 国際自由労連結成 シリアにてクーデター 蔣介石、台湾に脱出
1950	民間輸出開始 千円札発行（聖徳太子肖像） 平和問題談話会、全面講和論を発表 社会党分裂 丸木位里・俊、「原爆の図」発表 平和を守る会発足 民主自由党、自由党と改称 アイソトープ初輸入 公職選挙法公布 日本炭鉱労組結成 日本戦没学生記念会結成 短大発足 東北大学生、イールズ反共講演阻止 吉田首相、全面講和論の南原東大総長を 「曲学阿世の徒」と批判 日本共産党中央委員追放指令	インド共和国憲法施行 トルーマン、水爆製造指令 ソマリランド、イタリア信託統治領となる 米英、ベトナムのバオダイ政権承認 「マッカシー旋風」始まる 中ソ友好同盟相互援助条約調印 ストックホルム＝アッピール採択 世界気象機関発足 朝鮮戦争勃発、ソウル陥落 国連安保理、国連軍創設を決定 アラブ集団安全保障条約締結 国連安保理、ソ連欠席下で朝鮮への国連軍派遣決議 マッカーサー、ソウル奪還 ネオ・ラオ・イサラ組織、ラオス抗戦政府樹立

	ダレス特使来日	インドネシア単一国家成立
	マ元帥、「アカハタ」の1ヶ月停刊を指令	トルーマン、対日講和交渉開始を指令
	最高検、ロレンス「チャタレー夫人の恋人」押収	国連軍、38度線突破
	僧侶の放火で金閣寺焼失	中国人民解放軍、チベット進攻
	マ元帥、警察予備隊創設・海上保安庁増員を指令	朝鮮・中国軍、平壌奪回
	企業のレッドパージ始まる	国連軍、北朝鮮に進攻
	警察予備隊設置	
	閣議、レッドパージ方針を決定	
1951	マッカーサー、日本再軍備の必要性を説く	中国・北朝鮮軍、再度ソウルを占領
	地方公務員法公布	アメリカ、ネバダ州で核実験開始
	幣原喜重郎死去	国連総会、中国を侵略者と決議
	公職選挙法公布	中国政府、反革命処罰条例公布
	メーデーの皇居前広場使用禁止になる	アルベンス、グアテマラ大統領に就任
	宗教法人法公布	アメリカにてローゼンバーグ夫妻に死刑判決
	創価学会会長に戸田城聖就任	マッカーサー更迭さる
	児童憲章制定	ヨーロッパ石炭鉄鋼共同体条約調印
	戦後初の分散メーデー（第212回）	イラン、石油国有化法公布
	北海道開発庁設置	コロンボ・プラン実施
	ILOおよびユネスコに加盟	社会主義インターナショナル結成
	東京に夜間中学設置	朝鮮休戦会議、開城で開く
	持株会社整理委員会令廃止	ヨルダンのアブド・アッラーフ王暗殺
	日本航空（株）設立	タイ、ピブーンの無血クーデター
	旧軍人11,185名追放解除	中国、サンフランシスコ会議に抗議声明
	サンフランシスコ平和条約調印、日米安保条約調印	米比相互防衛条約
	日本社会党左右両派に分裂	ANZUS調印さる
	持株会社整理委員会解散	英国保守党、政権に復帰
	公職追放解除法公布	中国人民解放軍、ラサに進駐
	大山郁夫にスターリン平和賞	米・ユーゴ軍事援助協定調印
	この年、パチンコ流行始まる	中国で三反運動開始
		リビア王国独立
1952	改進党結成	李承晩ライン宣言
	第1次日韓会談開始	カイロ焼き討ち事件
	東大ポポロ事件	ギリシャ、NATOに加盟
	日米行政協定調印	キューバでバティスタ将軍が政権掌握
	無形文化財初指定	ボリビア革命
	日華平和条約調印	巨済島事件
	インド対日平和宣言	EDC調印
	血のメーデー事件	米空軍、北朝鮮の水豊ダムを爆撃
	「アカハタ」復刊	エジプトで自由将校団クーデター
	早大事件	ヴォルガ・ドン運河開通
	日米加3国漁業条約調印	イラン国会、モサデク首相に6ヶ月の非常大権を与える
	日印平和条約調印	中国、民族区域自治実施要綱公布
	吹田事件	イギリスの初の原爆実験
	協同党結成	

	破壊活動防止法公布 保安庁・自治省設置 国際通貨基金・国際復興開発銀行加入 参議院緊急集会 電産スト 自民党内紛、石橋湛山・河野一郎を除名	アメリカ、水爆実験成功 米大統領選で、アイゼンハワー当選 クローチ死去 ウィーンで諸国民平和大会 ソ連、中国長春鉄道を中国に返還
1953	NHK、テレビ放送開始 吉田首相、衆院予算委員会で「バカヤロー」と暴言 内閣不信任案可決、国会解散 自由党鳩山派分裂 国立近代美術館開く 日米通商航海条約調印 日本婦人団体連合会結成 第2次日韓会談開始 日産自動車争議 山口日記事件 スト規制法反対闘争第一波 恩給法改正公布施行 武器製造法公布 民間テレビ、本放送開始 スト規制法公布 徳田球一死去 鳩山派、自由党復帰 水俣病患者第1号発病 初のスーパーマーケット開店 最高裁、農地改革を合憲と判決 奄美諸島復帰	大統領チトー就任、ユーゴ憲法改正 モルディブ共和国独立 中国、第1次5ヵ年計画実施 韓国、竹島領有声明 スターリン没 シューマン＝プラン発足 ヒラリーとテンジン、エベレスト初登頂 東ベルリンの反ソ暴動 エジプト共和国宣言 ローゼンバーク夫妻死刑 カストロらの蜂起、失敗 朝鮮休戦協定成立 米韓相互安全保障条約調印 イラン国王派、モサッデク政府を転覆 ソ連、水爆実験を発表 中央アフリカ連邦結成 パキスタン民主共和国成立 マグサイサイ、フィリピン大統領に ヴェトミン軍、インドシナを2分
1954	50銭以下の小銭廃止 憲法擁護国民連合結成 第5福龍丸ビキニ水爆被災事件 MSA協定 自由党憲法調査会発足 第1回全日本自動車ショー 造船疑獄事件 日米艦艇貸与協定調印 警察法・防衛庁設置法・自衛隊法成立 三菱商事大合同 防衛庁・自衛隊発足 原水爆禁止署名運動全国協議会結成 吉田・アイク共同声明発表 光文社「カッパ・ブックス」刊 日本民主党結成 吉田内閣総辞職 鳩山内閣成立 政府、憲法9条について統一解釈を発表（自衛隊保有・自衛隊は合憲）	ダレス国務長官のニュールック戦略 ベネルクス共同輸入協定 エジプト政変 アメリカ、ビキニ島にて水爆実験 ジュネーブ会談開始 東南アジア諸国首相コロンボ会議 ホー・チ・ミン軍、ディエンビエンフー占領 周恩来・ネール会談、平和5原則の共同声明 インドシナ休戦協定（パリ協定） バルカン軍事同盟 ブラジル大統領ヴァルガス自殺 SEATO結成 中華人民共和国憲法公布 ナセル、首相兼革命軍事会議議長に就任 マチス死去 アルジェリア民族解放戦争始まる

PART 8 年表

1955	衆議院解散（天の声解散） 法隆寺昭和大修理終了 総選挙（民主党第1党、社会党左派進出） 「改造」廃刊 防衛庁、防衛6ヵ年計画案を決定 スモン病患者発生 富士重工業（株）、富士工業など5社を吸収・合併 日中貿易協定調印 第1回日本母親大会開催 最高裁、三鷹事件で上告棄却 後楽園ゆうえんち開場 過度経済力集中排除法等廃止法公布 日本住宅公団設立 第1回原水爆禁止世界大会 初のトランジスターラジオ発売 森永砒素ミルク事件表面化 GATTに加盟 社会党の統一なる 金閣寺再建 自由民主党結成 原子力基本法 神武景気	イラク、対ソ断交 ソ連、対独戦争終結宣言 バグダード条約成立 ソ連、旅順・大連を返還 イギリス、水爆製造計画発表 フランス、原爆製造計画を発表 バンドン会議 キプロスにて反英暴動 東欧8カ国、ワルシャワ条約調印 アインシュタイン没 西独、国防省を創設 ジュネーブ4国巨頭会談 ラッセル・アインシュタイン宣言 韓国、対日禁輸 ソ連・西独、国交樹立宣言 アルゼンチン、軍部クーデターでペロン大統領失脚 南ベトナム、国民投票でジェム大統領となる フランスのザールの欧州化案否決 中東条約機構結成 ソ連、新水素爆弾完成と発表 西独、ハルシュタイン原則発表 AFLとCIOとの合併
1956	緒方竹虎死去 石原慎太郎「太陽の季節」、芥川賞受賞 猪谷千春、オリンピック回転競技で2位 高知県繁藤小学校、紀元節式典強行 「週刊新潮」創刊 日本道路公団法公布 日米技術協定調印 憲法調査会法成立 フィリピンと賠償協定調印 新教育委員会法成立 国際金融公社に加盟 国防会議構成法公布 三木武吉死去 経済白書、「もはや戦後ではない」と規定 佐久間ダム完成 広島原爆病院開院 日ソ共同宣言調印 エチオピア皇帝来日 日本の国際連合加盟成る 鳩山内閣総辞職 メルボルン・オリンピック開会 南極日本観測隊宗谷出発（57.1到着）	スーダン独立 東独、国防省創設 アメリカ、内外の平和利用にウラン鉱放出命令 モロッコ、チュニジア独立 コミンフォルム解散 英軍、スエズ地帯撤退 毛沢東「百花斉放、百家争鳴」を提起 ポーランドにてポズナニ暴動 国際金融公社（IFC）成立 チトー・ネルー・ナセル、ブリオニ会談 ナセル、スエズ運河国有化宣言 第1次スエズ問題国際会議開催 国際原子力機関創立総会 ゴルムカの10月革命 ハンガリーの反ソ暴動始まる イスラエル軍、シナイ侵入。スエズ戦争勃発 ハンガリー、ワルシャワ条約脱退と中立を宣言 米韓友好通商航海条約 アメリカ経済、空前の繁栄

171

| 1957 | 重光葵死去
志賀潔死去
ポーランドと復交
石橋内閣総辞職
政府、ソ連に核実験中止を要請
最高裁、チャタレー事件の上告棄却
自民党大会、岸信介を総裁に選出
日本不動産銀行が開業
高速自動車国道法公布
光文社、右翼の圧力で「三光」の販売中止
日米安全保障理事会発足
岸首相、自衛権の範囲なら核保有も可能と答弁
松川事件で「諏訪メモ」の存在報道さる
江崎玲於奈、エサキ効果発見
国際地球観測年開始
日中国交回復国民会議結成
憲法調査会第1回総会
朝日茂、現行生活保護は違憲と提訴（朝日訴訟）
国際ペン大会、東京で開催
日本、国連に核実験停止決議案を提出
日本、国際連合の非常任理事国に当選
5000円札発行
徳富蘇峰没
日ソ通商条約調印
100円硬貨発行
NHK、FM放送開始 | アイク＝ドクトリン
中ソ共同宣言
エジプト、国内の英仏銀行国有化宣言
EEC・EURATOM調印
ガーナ独立
インドのケーララ州にナンブーディリパッドゥー首班の共産党州政府成立
スエズ運河再開
イギリス、クリスマス島で初の水爆実験
ソ連党中央委総会、マレンコフ・モロトフら解任
チュニジア共和国宣言
国際地球観測年始まる
ネヴァダで核爆発実験
ソ連、大陸間弾道弾（ICBM)実験の成功を発表
マラヤ連邦完全独立
タイにてクーデター。ピブーン失脚
ソ連、人工衛星スプートニク1号打ち上げ成功
シリア・トルコ国境紛争
カンボジア、中立法公布
ソ連、軍縮委員会不参加
第1回アジア・アフリカ諸国民会議
アメリカ、ICBM実験に成功 |
| 1958 | インドネシアと平和条約締結
若乃花、横綱となる
横山大観死去
衆議院解散（話し合い解散）
テレビ受信契約数、100万台突破
憲法問題研究会第1回総会
日米・日英原子力一般協定調印
仙台高裁、平事件で騒乱罪を認め有罪判決
王子製紙、無期限スト
三井物産、第一物産と合併調印
スイスから誘導弾エリコン横浜入港
沖縄の通貨、軍票からドルに切り替え
警察官職務執行法改正の審議最中に衆議院混乱騒ぎ
安保条約改定交渉開始
最低賃金法成立
東京・神戸間、特急こだま運転開始
10000円札発行
全学連幹部ら、共産主義者同盟結成 | アメリカ、人口衛星エクスプローラー1号打ち上げ成功
エジプト・シリア合邦
ブルガーニンソ連首相辞任。後任にフルシチョフ
ソ連、核実験一方の停止宣言
第1回アフリカ諸国会議
レバノン内戦始まる
ド・ゴール内閣成立
第49州アラスカ成立
イラク革命、共和党宣言
ノーチラス号、北極海洋潜水横断成功
フランス、第5共和制憲法制定
月ロケット、パイオニア発射
ギニア共和国独立
パキスタンでクーデター。アユーブ・ハーン大統領に
英軍、ヨルダン撤退
欧州通貨協定 |

	東京タワー完工式 インスタントラーメン発売開始	人工衛星アトラス発射
1959	メートル法施行 NHK教育テレビ開局 非核武装問題で国会審議停止 日本教育テレビ開局 鳩山一郎死去 「朝日ジャーナル」創刊 フジテレビ開局 国民年金法成立 皇太子結婚 永井荷風没 南ベトナムと賠償協定調印 金森徳次郎死去 厚生省、小児マヒを指定伝染病に指定 清水幾太郎ら、安保問題研究会結成 最高裁、松川事件の原判決破棄 社会党大会、西尾処分問題で混乱 伊勢湾台風、死者行方不明者5101名 国連社会理事会の理事国となる 全学連等国会構内乱入事件 最高裁、砂川事件で「駐留米軍は違憲でない」と原審破棄 岩戸景気	キューバ革命。カストロ、新首相に コンゴ暴動 人口衛星ディスカバラ1号発射 チベット反乱、ダライ＝ラマ、インドに亡命 ダレス死去 シンガポール、英連邦自治国として独立 インドケララ州の統一戦線政府崩壊 ラオス5州非常事態宣言 中央条約機構発足 中・印国境紛争起こる 第50州ハワイ成立 北ベトナム、ラオス侵入 ソ連の宇宙ロケット、月面到着 国連総会、児童権利宣言採択 宇宙ステーション、月の裏側の写真撮影に成功EFTA調印 南極条約 中国最高人民法廷、溥儀ら33戦犯を釈放
1960	日米新安全保障条約調印 民主社会党結成 ソ連、歯舞・色丹の不返還を通告 三井三池争議始まる 政府、新安保条約を国会に提出 積水化学、プレハブ住宅試作 安保闘争全国に拡大 世田谷で雅樹ちゃん誘拐 竹内好都立大教授、安保強行採決に抗議し辞職 ハガチー事件 新安保条約自然承認 自治庁、自治省に昇格 池田内閣成立 丸正事件有罪判決 カラーテレビ本放送開始 浅沼稲次郎暗殺さる 衆議院解散（安保解散） 第29回総選挙 日英文化協定調印 和辻哲郎没 電気冷蔵庫普及	アスワン＝ダム起工 中国、ビルマと友好相互不可侵条約調印 西独で反ユダヤ落書き事件 黒人のシットイン運動始まる フランス、サハラで初の原爆実験 南アでシャープヴィル虐殺事件 東西10カ国軍縮委員会 韓国で反政府運動全国に拡大、李承晩大統領辞任 ソ連、米U-2型機撃墜 EFTA条約発効 中ソ論争公然化 コンゴ動乱始まる ラオスでクーデター ローマ・オリンピック大会 キプロス独立 東西ドイツ間の危機 アフリカの新独立19カ国、国連加入 アメリカ、キューバに禁輸措置 米大統選でで民主党のケネディー当選 81カ国共産党・労働者党会議、モスクワ宣言 国連総会、植民地独立宣言採択

		OECD条約調印
		エチオピア宮廷クーデター
1961	池田首相、国民所得倍増計画を発表	アメリカ、対キューバ国交断絶
	嶋中事件	コンゴでルムンバ前首相殺害さる
	三島由紀夫、宴の後	アメリカ、平和部隊設置
	港湾整備緊急措置法公布	ジュネーブ核実験停止会議再開
	ライシャワー米大使着任	アンゴラで反乱
	「ユーカラ」の伝承者、金成マツ没	人間衛星船ヴォストーク1号
	政治的暴力行為禁止法、国会に提出さる	イスラエルでアイヒマン裁判始まる
	丸正事件の「真犯人」発表の弁護士ら、名誉毀損で起訴さる	反カストロ軍のキューバ本土上陸作戦失敗
		韓国クーデター
	農業基本法成立	南アフリカ、英連邦を離脱
	朝永振一郎らの「7人の集まり」、平和アピール発表	クウェート独立
		朴正煕、韓国国家再建最高会議議長に就任
	株価大暴落	ヴォストーク2号
	インドネシアと通商航海条約調印	アメリカ、プンタデルエステ憲章調印
	災害対策基本法成立	東独、西ベルリンへの交通遮断
	大鵬・柏戸、横綱昇進	ベオグラード会議
	衆議院、核実験禁止を決議	米ソ軍縮共同宣言
	放射能対策本部設置	ソ連共産党大会（党新綱領採択）
	日米貿易経済合同委員会開く	ソ連、対アルバニア断交
	皇居に天皇、皇后の新居完成	国連総会、中国代表権問題を重要事項に指定
	三無事件	
	四日市でぜん息患者多発	インド、ゴアを武力解放
		マカパガル、フィリピン大統領に就任
1962	自衛隊8個師団編成	キューバ、第2ハバナ宣言。ラテンアメリカ革命を呼号
	ガリオア・エロア返済協定調印	
	臨時行政調査会発足	アメリカ、ベトナム援助軍司令部を設置
	東京都の常住者1000万人突破	キューバ、米州機構を脱退
	日本電気、国産初の大型電子計算機を発表	ビルマ革命
	テレビ受信契約者数1000万人突破	18カ国軍縮委員会開催
	日米ガット関税取り決め調印	パキスタン新憲法
	義務教育の教科書無償に藤山経企庁長官、池田首相の高度成長政策を批判	アルジェリア独立
		イラン国王、「白色革命」開始
	第1回農家生活白書	ジャマイカ独立
	新産業都市建設促進法公布	イエメンで王制打倒のクーデター
	ばい煙規制法公布	キューバ封鎖事件（キューバ危機）
	北陸トンネル開通	中印国境紛争再燃
	参院選挙で創価学会が9議席獲得	米、対キューバ海上封鎖解除
	タンカー日章丸Ⅲ世進水	ナッソー協定
	堀江謙一、ヨットで太平洋横断	韓国、新憲法制定
	日本航空機製造、YS-11の初飛行に成功	
	若戸大橋開通式	
	貿易自由化88％	
	日英通商航海条約調印	
	日中総合貿易覚書	
	金融引締め解除	

	恵庭事件 配給米、平均12パーセント値上げ	
1963	陸上自衛隊にミサイル部隊設置 石炭産業合理化4法案成立 ビルマ追加賠償協定調印 低金利政策開始 高校女子の家庭科、必修となる 大阪駅前に初の横断歩道橋完成 狭山事件 日仏通商協定調印 黒四ダム完成 近畿圏整備本部発足 部分核実験停止条約調印 政府主催第1回戦没者追悼式 松川事件最終判決、全員無罪 新潟水俣病発症 最高裁、白鳥事件で上告棄却 日独首脳会談 第30回総選挙（民社党進出） 新1000円札発行 能研テスト実施 初の日米間テレビ宇宙中継 最高裁、砂川事件再上告審で上告棄却 教科書無償措置法公布	仏・西独協力条約 イギリス、EEC加盟失敗 イラク政変 シリア革命 バーミングハム黒人差別事件 イギリスで原水爆反対のオールダマストン行進 OAU結成 ベトナムのフエの仏教徒、反政府運動開始 米ソ間直通電話線設置協定 イランの「白色革命」反対運動。ホメイニ師逮捕 モスクワで中ソ共産党会談 米英ソ3カ国部分核停条約調印 人種差別反対ワシントン大行進 マレーシア連邦発足 南ベトナムにてクーデター ケネディー暗殺さる、米大統領にジョンソン キプロス紛争 国連、人種差別撤廃宣言採択
1964	憲法調査会最終報告書原案の審議開始 漁業水域をめぐる日韓農相会談開始 日韓本会議再開 ライシャワー大使、刺され負傷 宇宙航空研究所発足 政府、戦後初の戦没者叙勲発令 OECDに加盟 四日市で初めて公害病患者死亡 ミロのビーナス特別公開 日本共産党、志賀義雄らを除名 衆議院、部分的核実験停止条約を批准 林業基本法成立 三菱重工業発足 自民党大会、池田総裁を3選 「東京サバク」、流行語に 王貞治、年間本塁打55本の日本新記録 東京オリンピック大会 東海道新幹線開業 佐藤内閣成立 公明党結成 米原子力船、佐世保に入港 全日本労働総同盟発足	南ベトナムにクーデター、グエン・カーン政権成立 米ソ新文化交流協定調印 第1回国連貿易開発会議開始 国連軍、キプロスに派遣さる ブラジルの革新的ゴラール政権崩壊 マッカーサー死去 ニューヨーク万博博覧会開く PLO設立 韓国で日韓会談反対デモ。ソウルで非常戒厳令 アメリカで公民権法成立 ニューヨーク市ハーレムで黒人暴動 中ソの対立決定的に トンキン湾事件 米議会、大統領に戦争遂行権限を付与 FRELIMO、モザンビークで武装闘争開始 第2回非同盟諸国首脳会談 フルシチョフ失脚、ブレジネフ、新書記長に就任 中国、初の原爆実験 ザンビア独立 ニューヨークのベラザーノ橋開通

1965	南ヴェトナムへの賠償完了 佐藤・ジョンソン共同声明発表 社会党、衆院予算委員会で「三矢研究」を暴露 太田総評議長、レーニン平和賞受賞 ベ平連、初のデモ 社会党委員長佐々木更三就任 山一證券事件 参議院緑風会解散 日韓基本条約調印 河野一郎死去 谷崎潤一郎没 池田勇人死去 新潟水俣病 佐藤首相、総理として戦後初の沖縄訪問 国鉄、みどりの窓口開設 完成乗用車の輸入自由化実施 朝永振一郎、ノーベル物理賞受賞 閣議、国債発行を決定（戦後初の赤字国債） 日韓基本条約批准 日本、国連安保理非常任理事国に当選	チャーチル死去 インドネシア、国連脱退を通告 北爆開始 中国、対ソ債務完了 ポンド危機深刻化 ソ連宇宙飛行士、初の宇宙遊泳 ドミニカ反乱開始 カンボジア、対アメリカ国交断絶 アルジェリアのクーデターにより、第2回アジア・アフリカ会議延期 中印国境紛争 アメリカの火星ロケット＝マリーナ4号、火星の写真撮影に成功 アメリカで黒人投票権法成立 シンガポール、マレーシア連邦より分離独立 インドネシアにて、9・30事件 ワシントンでベトナム反戦平和行進 国連総会、人種差別撤廃条約案採択 アメリカの2人乗り衛星船ジェミニ6・7号、宇宙ランデヴーに成功
1966	日ソ航空、貿易協定調印 第1回赤字国債発行 全日空機羽田沖墜落事件 政府、紀元節復活の祝日法改正案 カナダ航空機、羽田空港防潮堤に激突 国士舘大学の復古教育、国会で問題化 日本の人口、1億人突破 日産自動車・プリンス自動車合併契約調印 物価問題懇談会、米価値上げ抑制を政府に勧告 郵便法改正 基地基本法成立 ILO87号条約発効 ザ＝ビートルズ、日本武道館で公演 新東京国際空港公団発足 桑原武夫・末川博ら884人、「建国記念日」に反対声明 サルトル、ボーボワール来日 黒い霧問題起こる 国立劇場開場式 国防会議、第3次防衛力整備計画の大綱を決定 衆議院解散（黒い霧解散） 東南アジア開発東京会議	ナイジェリアでクーデター インド・パキスタン首脳のタシュケント宣言 シリアでクーデター。バース党左派政権成立 ガーナにてクーデター。エンクルマ政権崩壊 米ソ新文化協定条約 ベルギーで7つ子出産 周恩来、社会主義文化大革命の事業を強調 英領ギアナ独立 ドミニカ臨時政府発足 フランス、NATO軍より正式脱退 北京に紅衛兵旋風起こる インドネシア、国連復帰 アメリカの北爆激化 ボツワナ独立 ニューヨーク新メトロポリタン歌劇場完成 NATO本部、ブリュッセルに移転 レソト独立 イギリス、賃金物価凍結令発動 アジア開発銀行創立 フィレンツェ大洪水 宇宙天体平和利用条約採択

1967	第31回総選挙（公明党25議席） 共産党、「赤旗」ではじめて公然とイラクを批判 初の「建国記念日」 青年医師連合、インターン制度に反対 美濃部亮吉、東京都知事に当選 東大宇宙航空研、国産人工衛星第1号打ち上げに失敗 最高裁、現行の生活保護基準は違憲とした訴訟に対し、憲法215条の判断は厚生大臣の裁量権と判決 ケネディー＝ラウンド調印 資本自由化正式実施 ラジオ受信料廃止決定 公害対策基本法公布施行 上越新幹線新清水トンネル開通 社会党臨時大会、勝間田清一委員長、山本幸一書記長を選出 吉田茂没 佐藤首相訪米、日米首脳会談 米軍押収の原爆記録映画返還 第57臨時国会召集 予算編成にあたり、財政硬直化問題となる	スカルノ大統領失脚 南京流血事件 ルーマニア、西独と国交樹立 中南米非核武装条約調印 北京市革命委員会成立 ケネディ＝ラウンド妥結 ナイジェリア東部州、ビアフラ共和国として独立宣言 南ベトナム、新憲法公布 第3次中東戦争起こる（6日戦争） 中国、初の水爆実験 デトロイト黒人暴動に連邦軍出動 ヨーロッパ共同体（EC）発足、三機関成立 米ソ間直通電話線設置協定 ASEAN結成 ワシントンでベトナム反戦大集会デモ ローマ教皇とギリシャ正教総主教との会見 アトリー没 南イエメン人民共和国成立 キプロスに国連中東代表部設置さる
1968	日ソ共産党会談開く 日米貿易経済合同委員会ホノルル会議（ドル防衛協力） 東大紛争の発端、医学部のスト 帝国ホテル旧館、明治村へ移転開始 第2次日中総合貿易（MT）協定調印 小笠原返還協定調印 ユーゴ大統領チトー来日 国際勝共連合結成 沖縄嘉手納基地で、米軍とデモ隊衝突 厚生省、イタイイタイ病の原因は三井金属、神岡鉱業所排出のカドミウムと認定 消費者保護基本法公布・施行 都市計画法公布 参院選挙、社会党敗退 文化庁発足 東大で医学部学生ら、安田講堂占拠 核拡散防止条約調印 大河内東大学長、機動隊出動を要請、排除 郵便物に郵便番号制度実施 札幌医大和田教授、初の心臓移植手術 共産党、ソ連批判声明 明治百年祭決行 沖縄に革新政権誕生 川端康成、ノーベル文学賞受賞	イギリス、緊縮政策開始 プラハの春 プエブロ号事件 グリニッジ標準時廃止 中国「紅旗」の刊行停止に 金プール7カ国中央銀行総裁会議 モーリシャス独立 キング牧師暗殺事件 ベトナム和平パリ会議開始 フランス5月危機 原子力潜水艦スコーピオン号行方不明に サイゴンに革命委員会成立 ヘレンケラー没 ケネディー大統領暗殺事件 タイ、新憲法公布 EC関税同盟発足 チェコ事件 韓国、政治浄化法廃止 ムルロワ環礁で水爆実験 アブシンベル神殿の移転完工式 北爆全面停止 南京揚子江大鉄橋開通 赤道ギニア、国連加盟 第1回国連賞

年	国内	国外
1969	京大紛争 東大安田講堂封鎖解除。374人検挙さる 予約米減税法成立 国立大学1期校、機動隊警備下で入試実施 東大総長に、総長代行加藤一郎を選出 国家公務員総定員法成立 いざなぎ景気、長期継続新記録となる 東名高速道路開通 都市再開発法公布 軍縮委員会への日本の初参加 東大でほぼ授業再開 東京教育大学評議会、筑波への移転を決定 参議院、大学法案強行可決 平賀健太郎札幌地裁所長、長沼ナイキ訴訟審理中の裁判長に書簡を出したこと判明 札幌地検、心臓移植の和田札幌医大教授らを捜査 自民党、安保条約の自動延長を決定 厚生省、チクロの使用禁止、回収を指示 佐藤首相、沖縄問題で衆議院解散。総選挙で自民躍進 国際通貨基金理事国に昇格 東京都、老人医療費の無料化実施	ベトナム和平に関する拡大パリ会談 原子力航空母艦エンタープライズ爆発 イギリスで人種差別反対のデモ行進 チェコスロヴァキア連邦制発足 K・ヤスパース没 アイゼンハワー没 ウスリー江中ソ国境衝突事件 ド・ゴール退陣 レバノン、非常事態宣言 9全大会、毛林体制発表 イギリス科学者ら、北極圏徒歩横断に成功 スーダンでクーデター。民主共和国発足 南ベトナム臨時革命政府成立 アポロ11号、月面着陸成功 台湾ゲリラ、中国砲艦を撃沈 ザンビア銅鉱業国有化発表 ホーチミン死去 リビヤ、王制廃止リビヤ＝アラブ共和国に コンコルド、音速を突破 ブラザヴィル＝コンゴ、コンゴ人民共和国と称する アポロ12号、人間の月面着陸・帰還に成功 イギリス、死刑の永久廃止を決定
1970	公明党の出版妨害事件起こる 榎本健一死去 北の富士・玉の海、横綱に 国産人工衛星おおすみ打ち上げに成功 吹田市で日本万国博覧会 赤軍派学生、日航よど号をハイジャック 日中覚書貿易協定調印 民主社会党13回大会、正式党名を民社党と改称 鈴木茂三郎死去 日本山岳会、エベレスト登頂に成功 政府、日米安保条約の自動延長を声明 公明党、創価学会との政教分離を決定 家永裁判、東京地裁で教科書検定は違憲と判決 政府、中央公害対策本部設置 銀座・新宿・池袋・浅草で「歩行者天国」実施 三里塚農民、空港公団に抵抗 初の「防衛白書」発表 自民臨時大会、佐藤総裁を四選 三島由紀夫、割腹自殺 公害諸法成立	ナイジェリアの内乱終結、ビアフラ崩壊 国連、各国に人口政策推進を要請 アメリカ、カンボジア政変に介入 中国の人口衛星打ち上げ成功 モロッコ、新憲法公布（王権強化） 英国総選挙、保守党勝利 スカルノ没 アメリカでウーマン＝リブ運動起こる 東パキスタン大暴風雨 トンガ王国独立 ソウル・釜山間高速道路開通 ソ連・西独条約調印 ナセル死去 フィジー諸島独立 チリに社会主義政権成立 中国、3メガトン級の大気圏内水爆実験 ド・ゴール死去 米軍、北爆再開 イタリア、中国と国交樹立 イタリアで離婚法成立

1971	新東京国際空港公団、空港用地収用の強制代執行、逮捕者487人	アスワン＝ハイダム完工式
	対米繊維輸出自主規制宣言発表	米軍、カンボジアの内戦に直接介入
	大宅賞にイザヤ＝ベンダサン等受賞	ロサンゼルス大地震
	大阪大・大阪市大の入試問題売買事件発覚	海底軍事利用禁止条約調印
	裁判官の再任問題で司法界紛糾	イギリス、通貨単位を10進法に統一
	西村栄一死去	スイスで婦人参政権法成立
	美濃部亮吉、東京都知事に再選	西ドイツにドル売り殺到
	平塚らいてう没	ルカーチ死去
	沖縄返還協定調印	ユーゴ、集団指導体制の発足
	富山地裁、イタイイタイ病訴訟	ヨーロッパの金相場急騰
	山下清没	各国、変動為替相場制へ移行
	「赤軍派」と「京浜安保共闘」が合同、「連合赤軍」結成	バーレーン独立
		アラブ共和国連邦発足
	ドル＝ショック	ブータン・バーレーン・カタール、国連加盟
	政府、変動為替相場制に移行を決定、実施	オマーン、国連加盟
	竹入公明党委員長、暴漢に刺され重症	中華人民共和国、国連加盟。台湾、脱退
	天皇・皇后、西欧諸国を訪問	スミソニアン体制発足
	第一銀行と日本勧業銀行が合併	インド・パキスタン戦争
	「いのちの電話」開設	ワルトハイム、国連事務総長に就任
	志賀直哉没	リビア、石油業を国有化
	沖縄関係5法成立	
1972	日米政府間繊維協定調印	イギリス、EC加盟条約、正式に調印
	モンゴルと国交樹立	バングラデシュ独立宣言
	冬季オリンピック札幌大会開く	ガーナで軍事クーデター
	高松塚古墳壁画発見	COMECON投資銀行発足
	山陽新幹線岡山まで開通	ニクソン、中国訪問。米中首脳会談
	川端康成自殺	アメリカ、木星探査機打ち上げ
	火炎瓶使用等処罰法公布	エドガー＝スノー死去
	沖縄復帰	生物兵器禁止条約調印
	岡本公三ら日本赤軍のゲリラ、イスラエルの空港で小銃乱射、26人死亡	セイロン、新憲法制定。国号をスリランカと改称
	田中通産相、「日本列島改造論」刊	ウォーターゲート事件
	田中内閣成立	林彪国防相の失脚・死亡
	勤労婦人福祉法公布施行	ミュンヘン＝オリンピック開く
	名古屋高裁、イタイイタイ病の控訴審で三井金属鉱業の控訴棄却	アラブ＝ゲリラ事件
		南北赤十字本会談開始
	日中国交正常化	ソ連、金星8号の観測データを発表
	国大協入試調査特別委、共通1次試験の中間答申を発表	ウガンダ・タンザニア紛争
		アメリカ、火星の地図完成
	中国からのパンダ、上野動物園で初公開	アポロ計画終了
	元女優岡田嘉子、34年ぶりソ連から帰国	トルーマン死去
	第33回総選挙、社会・共産躍進	東西ドイツ基本条約調印
		海洋汚染防止条約調印

1973	金融引締め始まる	ベトナム和平協定調印
	老人医療無料化実施	国際通貨危機再燃
	円為替、変動相場制に移行	中国通貨の新レート発表
	都議会公明党、与党に転換	スミソニアン体制崩壊
	祝日振替え法成立	ピカソ死去
	石橋湛山死去	北朝鮮、WHOに加入
	68単産310万人春闘ゼネスト決行	ギリシア、王制廃止
	江東区、杉並区内のゴミ搬入実力阻止	バハマ独立
	環境週間始まる	アフガニスタン政変、共和制となる
	青嵐会発足	人民日報に孔子批判論掲載さる
	資源エネルギー庁発足	キッシンジャー、国務長官に就任
	金大中事件起こる	東西ドイツ、国連加盟
	筑波大学法成立	第4回非同盟諸国首脳会議
	日本平和学会設立	ラオス和平協定書調印
	中東戦争により石油危機発生	チリ政変、アジェンデ大統領自殺
	トイレットペーパーのパニック起こる、狂乱物価・異常インフレ起こる	第4次中東戦争
		タイ政変、タノム政権崩壊
	江崎玲於奈、ノーベル物理学賞受賞	石油危機発生
	愛知県の信用金庫で取り付け騒ぎ発生	韓国学生の反政府デモ激化
		ギリシャでクーデター
1974	山本有三死去	スエズ兵力分離協定調印
	田中耕太郎死去	韓国、大統領緊急措置を次々と発動
	小野田寛郎元少尉、ルバング島で発見	パキスタン、全銀行国有化
	京都府知事に蜷川虎三、初の7選	ソルジェニツィン追放事件
	南原繁没	ウィルソン労働党内閣成立
	国土庁発足	ニジェールにてクーデター
	自然保護憲章制定	西独にてギヨーム事件
	参議院選挙、保革接近	インドにて地下核爆発実験
	三木副総理、金権批判で辞任	中国、ロプノール地区で大気圏内核爆発実験
	韓国朴大統領狙撃事件	
	三菱重工業ビル爆破事件	第2次キプロス紛争起こる
	人口1億1千万人突破（総理府推計）	ニクソン辞任
	「文芸春秋」、田中首相の金脈・人脈暴露	東独、女子水泳で世界新記録続出
	フォード大統領来日	エチオピア、皇帝廃位
	杉並区清掃工場問題、和解	バングラデシュ、国連加盟
	三木内閣成立	タイ、新憲法公布
	佐藤栄作、ノーベル平和賞受賞	世界食糧会議
	雇用保険法成立	IEA発足
		アメリカ、金解禁実施
1975	新幹線岡山・博多間開通	第4期全国人民代表大会開く
	警視庁、中核・核マル両派の内ゲバに非常事態宣言	CIA調査特別委員会設置
		韓国、政治犯大量釈放
	防衛を考える会発足	イラン・イラク新国境協定調印
	エリザベス2世来日	サウジアラビア王ファイサル暗殺さる
	日本女子登山隊、エベレスト登頂成功	米国のベトナム介入終了
	佐藤栄作死去	サイゴン陥落。ベトナム戦争終結
	日本共産党と創価学会の10年協定	蒋介石死去

PART 8 年表

	沖縄海洋博覧会始まる 暴漢、皇太子・皇太子妃に火炎瓶を投げつける 日本赤軍、クアラルンプール米大使館等占領過激派7人の解放を要求し、政府のむ 三木首相、「私人」として靖国神社に参拝 天皇・皇后、訪米 公明党、反共路線を打ち出す 天皇の初めての公式記者会見 国勢調査、農家戸数500万戸割る 財界、自民党の借金100億円のうち50億円の肩代わりに同意 第1回先進国首脳会議 東京地裁、田中金脈の新星企業に有罪判決 本四架橋の大三島橋の起工式	西アフリカ経済共同体発足 スエズ運河再開 国際婦人年世界会議 モザンビーク独立 全欧安保首脳会議 米ソ宇宙船のドッキング成功 仏領コモロ諸島独立 ショスタコヴィッチ死去 パプアニューギニア独立 アーノルド=トインビー没 アンゴラ独立 スリナム（オランダ領ギアナ）独立 ラオス人民民主共和国成立
1976	鹿児島市立病院で初の5つ子誕生 ロッキード疑獄事件広まる 東京地検、児玉誉士夫を臨床取り調べ、脱税容疑で起訴 武者小路実篤死去 政府、狂乱物価終息宣言 荻原井泉水死去 被占領外交文書公開 田中角栄ら逮捕 王貞治、700号本塁打 三木首相、首相として初めて長崎原爆記念式典に出席 新幹線「こだま」に禁煙車登場 三木内閣改造 ソ連戦闘機ミグ25、函館空港強行着陸 三木首相への偽名電話事件 財政特例法成立 天皇の在位50周年記念式典挙行 衆議院選挙、自民敗退 福田内閣成立	周恩来死去 カンボジア、民主国憲法公布 多国籍企業不正献金問題起こる グアテマラ大地震 キューバ、社会主義憲法公布 イギリス、アイスランドと紛争終結 アルゼンチン無血クーデター 天安門事件 南ア黒人暴動、ソウェトで蜂起 ポンド暴落 ハイデッカー死去 ヴァイキング1号、火星到着 ベトナム統一宣言 フランスでバール内閣成立 第5回非同盟諸国会議 オランダにてベルンハルト事件 毛沢東死去 ソ連軍人によるミグ25亡命事件 アンゴラ・西サモア、国連加盟
1977	ロッキード事件公判開始 日米首脳電話会談の初め 国産戦闘機F-1完成 高橋亀吉没 末川博没 日米漁業協定調印 日米首脳ワシントン会談 春闘国鉄時限スト 木戸幸一死去 官民統一スト 平戸大橋開通 領海12カイリ法・漁業水域200カイリ暫定措	アメリカで死刑復活 アメリカで異常寒波、非常事態の州続出 中国青海省より4000年前の公共墓地を発掘と発表 イギリスのサンガーら、完全な遺伝子構造を決定 ブリュッセル朝鮮統一世界会議 南欧3国共産党会議 タイ、クーデター ソ連、新憲法・新国歌公表 ベトナム縦貫鉄道開通 パキスタン政変、ハク軍事政権成立

181

	置法成立 大学入試センター発足 参議院選挙、自民党過半数確保。共産党後退 オーロラ立体観測成功 王貞治、765号ホーマー 日本赤軍ダッカ事件 1ドル250円を割る ハイジャック防止法成立 立川基地返還	韓国初の原子力発電所始動 国連砂漠会議 エルヴィス＝プレスリー没 ソ連原子力砕氷船北極点到着 パナマ運河新条約調印 ベトナム、国連加盟 西独赤軍モガディシオ事件 ソ連新憲法発効 サダト、イスラエル訪問 チャップリン死去
1978	共産党、袴田里見を除名 石油税新設 社会民主連合発足 成田空港管制塔占拠 嫌煙権確立を目指す人々の会結成 岡潔死去 失業者136万人 東京教育大閉学式 東郷青児死去 成田空港運用開始 片山哲死去 人質強要等処罰法施行 古賀政男死去 栗栖統幕議長の超法規発言、有事立法問題起こる 日中平和友好条約調印 福田首相、「内閣総理大臣」と記帳して靖国参拝 稲荷山古墳出土の鉄剣に銘文を発見 防衛庁、有事立法で基本見解発表 円高180円を割り反転 無限連鎖講防止法成立 61歳定年制論起こる 子供の人権を守る連絡会議発足 大平内閣成立 インドネシアに900億円の新借款供与 インベーダーゲーム流行	イランのコムで反政府デモ チュニス暴動 ソマリア、オデガン地方でエチオピア軍と交戦 中国にて新憲法公布。新国歌制定 イスラエル軍、南部レバノン侵攻 シェフチェンコ国連次長亡命 国際記念物遺跡会議 国連軍縮特別総会 フィリピン初代首相にマルコス大統領兼任 ベトナム、COMECON加入 米海軍測定所、冥王星の衛星を発見 ソロモン諸島独立 イギリスにて世界初の体外授精児誕生 バーミンガム医科大学実験室から感染の天然痘患者発生 トゥバル独立 インド東部大洪水 キャンプデーヴィッド会談 西独、ナチス関係映画「ホロコースト」の上映認可 アラブ12カ国首脳会議 ベトナム、ソ連と友好協力条約締結 ドミニカ連邦独立 イギリスのタイムス紙休刊
1979	グラマン・ダグラス疑獄事件起こる 奈良県知事選にて初の8選知事誕生 第1回共通1次試験 荒畑寒村没 統一地方選挙、保守中道が東京・大阪を制す 靖国神社にA級戦犯14名の合祀が判明 福岡県で「君が代」ジャズ演奏の高校教師が免職 無限連鎖講（ねずみ講）防止法施行 元号法公布	米中国交樹立 イランのホメイニ師、実権掌握 ベトナム軍、プノンペン攻略 中国軍、ベトナム攻撃 ヴォイジャー1号、木星観測写真を送信 エジプト・イスラエル、中東和平条約調印 スリーマイル島放射能漏洩事件 国際金相場急騰 サッチャー保守党内閣成立 ミクロネシア連邦結成 米ソSALT 2調印

	カーター米大統領ら来日、東京サミット	教皇、ポーランド訪問
	朝永振一郎死去	ニカラグアで革命、ソモサ独裁終了
	国鉄、銀河鉄道999を運行	国連インドシナ難民対策会議
	東京サミット	ムルロワ環礁の核実験場で事故発生
	沖縄で米第7艦隊と在沖米海兵隊の合同上陸演習	ソ連のバレエ団員の母子、米国に亡命
	建設公団のカラ出張・ヤミ給与判明	KCIA部長金載圭、朴大統領を射殺
	衆議院議員総選挙、自民敗北	WHO、天然痘の根絶を宣言
	木曽御嶽山、有史以来の初噴火	赤道ギニアの独裁者マシアス失脚
	非主流派、大平退陣を要求。政局混迷	テヘラン米大使館人質占拠事件
	大平内閣再発足	ソ連軍、アフガニスタン侵入
	衆参両院、一般消費税反対を決議	ローデシア内戦終結
1980	防衛庁スパイ事件	インドにてガンディー内閣成立
	アメリカ、日本の防衛費増額を要請	アメリカ、ILOに復帰
	佐世保重工業の労資紛争解決	アメリカ、イランと断交
	日本山岳会隊、チョモランマ北東稜登頂	サルトル死去
	公定歩合9パーセントに	ジンバブエ共和国、完全独立
	浜田幸一代議士賭博旅行事件	ヒッチコック死去
	土岐善麿死去	チトー死去
	衆議院解散	ロールスロイス社、身売り
	日中渤海石油開発契約	タイ・ラオス紛争
	大平正芳急死	モスクワオリンピック開始
	衆参両院同時選挙、自民圧勝	ジンバブエ、国連加盟
	鈴木内閣成立	アメリカ南部熱波襲来
	婦人差別撤廃条約に署名	ヴァヌアツ共和国
	富山湾で1万年前埋没林発見さる	エチオピア・ソマリア紛争再燃
	モスクワオリンピック不参加	イラン・イラク戦争勃発
	奥野法相の改憲発言	セントヴィンセント、国連加盟
	冷夏のため水稲大不作	コスイギン辞任
	北朝鮮と貿易ルール改定合意	林彪・江青らの裁判開始
	山川菊枝没	ヴォイジャー1号土星接近探査成功
	越路吹雪没	ベトナム、新憲法採択
	総合安全保障関係閣僚会議発足	韓国にて言論基本法成立、反共法廃止
	第1回日中閣僚会議	
1981	2月7日を「北方領土の日」と決定	レーガン、大統領に就任
	警察庁、初の校内暴力対策会議	イラン人質事件解決
	市川房枝死去	フィリピン、1972年来の戒厳令解除
	ローマ教皇来日	イギリスで社会民主党結成
	神戸ポートピア'81開幕	レーガン大統領狙撃事件
	19年ぶりビキニデー統一全国集会	フランスでコルシカ空港爆弾事件
	薬師寺西塔落慶法要	ロンドンで黒人の暴動
	米原子力潜水艦、東シナ海で貨物船に衝突、沈没させる	ミッテラン、フランス大統領に就任
	マザー・テレサ来日	宋慶齢(孫文未亡人)没
	東ドイツ国家評議会議長ホーネッカー来日	バニサドル、イラン大統領解任さる
	不快用語整理法公布施行	カンボジア、新憲法採択
	放送大学学園法公布	カンボジア問題国際会議
		オタワサミット

	中央薬事審議会、丸山ワクチンの抗がん剤としての認定は不適当と答申 湯川秀樹没 福井謙一、ノーベル化学賞受賞 ロッキード事件丸紅ルート公判で榎本三恵子が「蜂の一刺し」証言 沖縄でヤンバルクイナ発見	ヴォイジャー2号、土星最接近 フランスにて死刑廃止法成立 超特急TGV運転開始 サダト大統領暗殺さる カンクン・南北サミット ポーランド、全土戒厳令布告 イスラエル、ゴラン高原を併合 韓国にて夜間外出禁止令解除
1982	文学者535人の反核声明 ホテルニュージャパン火災 日航機の羽田墜落事故 岡本綾子、米国ツアー女子プロゴルフで優勝 大浜英子没 500円硬貨発行 春闘、14年ぶりに交通ストを回避 IBM産業スパイ事件起こる 東北新幹線開業 参議院全国区改正法成立 臨時行政調査会、基本答申を提出 老人保健法成立 日立、超高速電算機を開発 教科書記述につき中国・韓国から抗議 文化庁汚職事件起こる 鈴木首相、財政事情非常事態を強調 鈴木首相、退陣表明 中曽根内閣成立 上越新幹線開業 戸塚ヨットスクール事件 飛鳥山田寺遺構出土 全日本民間労働組合協議会結成	南北問題打開のための第1回ニューデリー協議会 中国湖北省に農民組合「農会」成立 宇宙ステーション金星13号、金星のカラー写真を送電 惑星の直列現象 フォークランド紛争 国連海洋法会議、海洋法条約を採択 教皇、英国訪問 米ソ戦略兵器削減交渉開始 カンボジアにて3派の連合政府成立 ロンドン連続爆弾テロ事件 イスラエル軍、西ベイルート突入 ニューヨーク株式市場暴落 イングリット＝バークマン没 ポーランドで反軍政デモ モナコ公妃グレース＝ケリー没 ポーランド、新労働組合法・農民組合法成立 中国空軍飛行士韓国亡命事件 ブレジネフ死去 国連総会、マニラ宣言 中国、新憲法制定
1983	中川一郎、札幌で自殺 中曽根首相の「浮沈空母」発言 臨時行政改革調査会の最終答申 青木功、米ゴルフツアー優勝 小林秀雄死去 片岡千恵蔵没 国鉄再建監理委員会設置法成立 日本海中部地震 比例代表制採用初の参議院選挙 羽仁五郎没 社会党委員長石橋政嗣就任 三宅島大噴火 円高に戻る レーガン大統領来日 EC、日本製CDプレイヤー輸入規制	東独議長暗殺未遂事件 死刑判決の江青・張春橋ら、無期懲役に アッサム州大量虐殺事件 テネシー＝ウィリアムズ没 第7回非同盟諸国首脳会議 シカゴ市長に黒人のハロルド＝ワシントン選出 ウィリアムズバーグサミット開始 イスラエル軍のレバノン撤兵協定調印 アンドロポフ、ソ連最高会議幹部会議長に 米・ニカラグア、相互に外交官追放 パリ、オルリ空港爆発事件 スリランカでタミル人虐殺事件 アキノ暗殺事件 大韓航空機撃墜事件

	衆議院議員総選挙、自民過半数を割る	イギリス自治領セントクリストファー＝ネーヴィス独立
		米軍、グレナダ進攻作戦
		ベイルート駐留米仏軍宿舎爆破事件
		ラングーン事件
		教皇、ルター派教会訪問
1984	児玉誉士夫死去	アフリカの飢餓拡大
	東証ダウ1万円突破	英自治領ブルネイ独立
	放送衛星ゆり2号打ち上げ	アンドロポフ死去
	社会党左派集団社会主義協会分裂	アメリカで受精卵移植児の初誕生
	グリコ社長誘拐事件	スペースシャトル＝チャレンジャー、命綱なしの宇宙初遊泳
	長谷川一夫没	
	国籍法・戸籍法改正案成立	国連調査団、イラク軍が毒ガス使用と断定
	厚生省、日本が世界一の長寿国と発表	レーガン、中国訪問
	関西新空港会社法成立	ユーゴで反体制派知識人逮捕さる
	リッカー・ミシン倒産	フランス、西独と軍事協力協定調印
	臨時教育審議会設置法成立	ボンベイ・ヒンドゥ・イスラム両教徒衝突事件
	大河内一男没	
	自民党本部放火事件	コメコン首脳会議
	天皇、朝鮮統治を遺憾と表明	ロンドンサミット
	長野県西部地震	ロサンゼルスオリンピック開始
	山下泰裕、国民栄誉賞受賞	スペースシャトル＝ディスカバリー
	新紙幣発行	エジプト・ヨルダン首脳和解会談
	美濃部亮吉没	OPEC、石油減産体制採択
	日ソ共産党首脳会談	イラク、アメリカと復交
		ハレー彗星探査機ベガ1・2号打ち上げ
		S＝ジョーンズ、マラソン世界最高記録（2時間8分5秒）
		ベトナム、旧サイゴン政権軍人に死刑判決
1985	国籍法・戸籍法改正施行	アメリカ、ユネスコ脱退
	両国国技館復興	チェルネンコ死去
	円安261円	シャガール死去
	藤山愛一郎没	チリ地震
	科学万博つくば85開幕	イラン・イラク、相互に都市攻撃を再開
	大阪府興信所条例成立	ボンサミット
	男女雇用均等法成立	インド、グジャラード州カースト間衝突事件
	日本電信電話株式会社・日本たばこ産業株式会社発足	
		朝鮮南北赤十字会談開く
	東京証券取引所、新市場館で取引開始	ウガンダでクーデター
	政治倫理審査会設置法成立	南ア、非常事態宣言
	大鳴門橋開通	ナイジェリアでクーデター
	首相・閣僚の靖国神社公式参拝	メキシコ大地震
	日航ジャンボ機墜落事故	上海宝山製鉄所操業開始
	日中原子力協定調印	イスラエル空軍機、チュニジアのPLO本部を爆撃
	神戸ユニバーシアード開催	
	白洲次郎没	ダッカでサイクロンの大災害

	対米貿易黒字	エジプト機乗っ取り爆破事件
		第1回南アジア首脳会議、SAARC発足
		イギリス、ユネスコ脱退
1986	円相場続騰	ニューヨーク株式大暴落
	梅原竜三郎死去	スペースシャトル＝チャレンジャー爆発事故
	老人医療費の自己負担率引き上げ	ハレー彗星最接近
	60歳定年法成立	スペイン・ポルトガル、EC加盟
	天皇在位60年記念式典	フィリピン大統領アキノ夫人就任
	東京サミット開催	チェルノブイリ原子力発電所事故
	英皇太子夫妻来日	アメリカ、リビア攻撃
	体協スポーツ憲章制定	ボーヴォワール死去
	衆議院、参議院同日選挙、自民圧勝	コロンボ空港爆弾事件
	双羽黒、横綱昇進	南ア全土非常事態宣言
	経済企画庁、景気後退宣言	国連アフリカ特別総会、経済復興開発援助会談
	新自由クラブ解党、自民党へ復帰	中国、モンゴルと領事条約調印
	社会党委員長土井たか子就任	核軍縮6カ国首脳会談、メキシコ宣言
	国鉄民営化に伴う自殺多発	ヘンリー＝ムーア没
	住友銀行、平和相互銀行を合併	金浦空港爆弾テロ事件
	伊豆大島噴火	第10回アジア競技大会（ソウル）
	公明党委員長矢野純也就任	米ソ、レイキャビック会談決裂
		モロトフ死去
		南太平洋非核地帯条約
1987	円高加速	胡耀邦党総書記解任さる
	田川誠一、進歩党結成	カパレフスキー死去
	NTT株上場、買い殺到	7カ国蔵相会議、ルーヴル合意
	鶴田浩二死去	ベルギー、エキュー金貨発行
	南氷洋商業捕鯨終幕	マカオ返還交渉妥結
	米国、対日経済制裁措置発表	スリランカ人種紛争勃発
	国鉄分割、JRグループ発足	南ア軍、ザンビア越境攻撃
	売上税法案廃案	韓国統一民主党結成
	東芝機械ココム違反事件	ウッタル＝プラデシュ宗教紛争
	北勝海、横綱昇進	国連安保理、イラン・イラク即時停戦決議
	富士通・IBM著作権紛争和解	ギリシャで熱波猛暑
	衣笠祥雄に国民栄誉賞	メッカ巡礼団衝突事件
	田中派解体、竹下派の経世会発足	元ナチスのヘス、刑務所で死去
	岸信介死去	ロス大地震
	日米戦略防衛構想協定調印	アメリカにて株価再度大暴落（暗黒の月曜日）
	高知県でサーファー落雷事故	
	天皇、腸の手術	チベット独立要求の反乱
	劇団新国劇解散	米ソ、INF全廃条約調印
	竹下内閣成立	ペレストロイカ開始
	利根川進、ノーベル医学・生理学賞受賞	

PART 8 年表

1988	宇野重吉没 有沢広巳死去 青函トンネル鉄道開業 東京ドーム開業 専修大学偽造学生証事件 桑原武夫死去 瀬戸大橋開通 日米牛肉・オレンジ交渉最終決着 明電工株価操作事件、前会長巨額脱税事件 NTTデータ通信社創業 土光敏夫没 清水幾太郎没 天皇陛下、発病 ソウル・オリンピック、日本選手不振 三木武夫死去 小磯良平没 消費税法成立	仏・西独軍事協力協定同盟 米ソ両艦、クリミア半島沖で衝突 パナマ、非常事態宣言 中国・ベトナム両艦船交戦 アフガニスタン和平会議 米軍、イランとペルシア湾交戦 サウジ、対イラン断交 EC・コメコン、相互援助関係樹立宣言 カンボジア問題5者ジャカルタ会議 ヨルダン、ヨルダン川西岸地区放棄 イラン・イラク戦争終結 バングラデシュ大洪水 ビルマ国軍、クーデター起こす、ソウ＝マウン、平和回復評議会議長・首相に就任 ソウルオリンピック開始 ゴルバチョフ、最高会議幹部会議長に パレスチナ国家独立宣言 中国、モンゴルと国境条約調印
1989	昭和天皇死去 朝鮮労働党代表団来日 手塚治虫死去 政治浄化連盟発足 志賀義雄没 消費税実施 松下幸之助死去 ベトナム難民、長崎県に初上陸 中央メーデー分裂 美空ひばり死去 宇野内閣成立 参議院選挙、自民敗退。社会党躍進 海部内閣発足 消費税の見直しと廃止論活発化 パチンコ業界の政治献金問題化 千代の富士、国民栄誉賞受賞 田中角栄引退 土地基本法成立	ブッシュ、大統領に就任 化学兵器禁止国際会議 アフガンからソ連撤退完了 韓国、ハンガリーと国交樹立 オゾン層保護（フロンガス全般）ヘルシンキ宣言 天安門事件 ホメイニ師死去 ビルマ、国名をミャンマーと改称 アルシュサミット 東独市民、西独へ集団脱出 ポーランドでマゾビエツキ内閣発足 ベトナム軍、カンボジアから撤退 ハンガリー、新国家体制発足 イギリス、アルゼンチンと復交 ベルリンの壁撤去開始 国際環境閣僚会議、ノルドベイク宣言 レバノン大統領爆殺事件 米ソ首脳マルタ会談
1990	衆議院解散 職業安定所の愛称をハローワークと決定 株価暴落、バブル崩壊へ 総選挙、自民安定多数確保 銀行の土地総量規制 日米首脳会談 国民栄誉賞千代の富士、千勝達成 太陽神戸三井銀行発足 国際花と緑の博覧会開始 池波正太郎没 藤山寛美没	国連麻薬撲滅宣言 ソ連、共産党の1党独裁制を放棄 ナミビア独立宣言 ネパール、政党制復活 西独経済統合条約調印 南北イエメンの国家統合 フランスでユダヤ人墓地荒らし事件 イラク軍、クウェートに侵攻 中欧サミット インドネシア、中国と国交回復 国連安保理、対イラク制裁決議

	日米構造問題協議最終決着 礼宮文仁親王、川島紀子と結婚 旭富士、横綱昇進 カンボジア和平東京会議 国連平和協力法廃案となる 北朝鮮との国交正常化交渉始まる 奥村土牛没 即位式・大嘗祭挙行 議会開設100年記念式典 秋山豊寛、日本人初の宇宙飛行	韓国、ソ連と国交樹立 中国、北京アジア競技大会にて圧勝 モンゴル初代大統領にオチルバト就任 ゴルバチョフ、ノーベル賞受賞 アルチュセール死去 北京アジア大会 ドイツ統一達成 サッチャー首相辞任。後任にメージャー ポーランド大統領にワレサ就任 ヒューストンサミット
1991	井上靖没 中川一政死去 皇太子、立太子礼御挙行 牛肉・オレンジ市場自由化開放 湾岸戦争支援90億ドル拠出 ソ連大統領ゴルバチョフ来日 協和埼玉銀行発足 明治大学替え玉受験事件 大手証券会社の巨額損失補填問題化 日米半導体交渉決着 初の脳死肝移植実施 社会党委員長に田辺誠 本田宗一郎死去 天皇・皇后、東南アジ3国訪問 台風19号の被害、九州・北日本に広まる 宮沢内閣発足	湾岸戦争勃発 独立国家共同体制立 ワルシャワ条約機構、軍事機構廃止 イラク、バグダッドに非常事態宣言 統一コリアチーム、世界卓球選手競技に出場 コメコン解散 南ア、アパルトヘイト体制終結 米ソ、START調印 ワルシャワ条約機構完全解体 ソ連、保守派によるクーデター失敗 韓国・北朝鮮、同時に国連加盟 イラク、国連の核査察を拒否 ソ連KGB解体 カンボジア和平パリ国際会議、最終合意文書調印 ソ連邦消滅 EC首脳会議
1992	東京佐川急便の巨額不正融資事件の発端 アルベールヴィル冬季五輪開始 日本医師会、尊厳死容認 公示地価、17年ぶりに下落 暴力団対策法施行 日教組、社団法人となる 細川護熙、日本新党結成 PKO法成立 川島武宜没 長谷川町子没 参議院選、自民過半獲得 証券監視委員会発足 松本清張死去 共産党、野坂参三名誉議長を解任 自衛隊カンボジア出動 米シャトルの宇宙実験成功（毛利衛同乗） 天皇・皇后両陛下、中国訪問 金丸信、議員辞職 宮沢改造内閣発足	エルサルバドル和平協定調印 アルジェリア非常事態宣言 ハイエク没 アフガン内戦終結 アルベールヴィル冬季五輪開始 地球環境暨人会議 イギリス総選挙、保守党勝利。メージャー政権維持 地球サミット フィリピン大統領にラモス就任 ミュンヘンサミット アルジェリア議長ブディアフ暗殺さる フロリダ半島ハリケーン大被害 中国、韓国と国交樹立 ドイツ＝マルク高騰 ロジェー・ワーグナー死去 イギリス国教会、女性に司祭の資格を認める 国連、モザンビークとマケドニアにPKO要員派遣決議

		韓国、ヴェトナムと国交樹立
		多国籍軍、ソマリア救援のため出兵上陸
1993	社会党委員長山花貞夫選出	化学兵器禁止条約調印（130ヵ国）
	金丸信を逮捕、起訴	クリントン、大統領に
	横田喜三郎没	オードリー＝ヘップバーン死去
	天皇・皇后、沖縄を訪問	金泳三、韓国大統領に就任
	多くの企業、内定取り消し	江沢民、国家主席に
	Jリーグ開幕	エリトリア、エチオピアから独立
	皇太子の結婚挙行	ロンドン金融街で爆弾テロ
	武村正義、新党さきがけ結成	ウィリアム＝ゴールディング没
	羽田孜、新生党結成	ソマリアで武力衝突頻発
	自民党総裁に河野洋平就任	イギリス、欧州連合条約批准
	東京サミット	イスラエルとパレスチナ解放機構との相互
	北海道南西沖地震	承認に次ぎ、暫定自治協定調印
	宮沢内閣総辞職	カンボジア、立憲君主制採択。シアヌーク
	細川連立内閣発足	国王就任
	社会党委員長村山富市選出	上海に斜張橋完成
	カンボジアPKO任務終了	グルジア、CIS加盟
	冷害で米作75パーセント	マーストリヒト条約発効
	ロシア大統領エリツィン来日	ウルグアイ＝ラウンド妥結
	環境基本法成立	南アで黒人が国政に初参加
	野坂参三死去	
	田中角栄死去	
	ウルグアイ＝ラウンド決着	
	コメ部分開放決定	
1994	政治改革関連法成立	NAFTA発効
	国産ロケットH2打ち上げ成功	カリフォルニア大地震
	完全失業率2.9パーセント	メキシコ南部先住民ゲリラの反乱
	羽田内閣発足	ジャンルイ＝バロー死去
	中華航空墜落事件	リレハンメル冬季オリンピック
	広松渉没	ヘブロン虐殺事件
	村山内閣発足	ロジャー＝スペリー死去
	PL法成立	ココム解散
	円相場1ドル96円台	イエメン、内戦に突入
	吉行淳之介没	マンデラ、南ア大統領に就任
	女性宇宙飛行士向井千秋、米シャトル搭乗	光州市明花洞古墳から埴輪出土
	全国的猛暑と水不足	金日成死去
	イチロー、200本安打達成	ナポリサミット
	関西空港開港	NATO軍、セルビア人勢力を攻撃
	自衛隊、ルワンダに派遣さる	エチオピアでラミダス猿人の化石発見
	東京都2信用組合の経営危機表面化	アメリカ、ハイチ進駐
	新生党解党	ドイツ新憲法成立
	貴乃花、横綱昇進	ルーブル大暴落
	新進党結成	ワイルズ、数学フェルマーの定理を証明
	民社党解党	PLOのアラファト議長とイスラエルのラビ
	大江健三郎、ノーベル賞受賞	ン首相、ノーベル平和賞を受賞
		イスラエルとヨルダン平和条約調印
		米ロ、START1発効

1995	WTO関連法成立 阪神・淡路大震災 野茂英雄、大リーグ入り 地下鉄サリン事件 東京都知事に青島幸男 大阪府知事に横山ノック 朝鮮、コメ支援要請 コスモ信用組合経営破綻 福田赳夫没 日米自動車交渉合意 村山内閣発足 兵庫銀行・木津信用組合経営破綻 橋本龍太郎、自民党総裁に就任 沖縄米兵少女暴行事件 植民地発言で江藤総務庁長官辞任 APEC大阪会議 新食糧法施行 「もんじゅ」ナトリウム漏れ事件	WTO発足 ユージン＝ウィグナー死去 ジョージ＝アボット死去 朝鮮半島エネルギー開発機構発足 オクラホマの連邦ビル爆破テロ サハリン大地震 ミャンマー、民主化指導者アウン・サン・スー・チー解放 ベトナム、ASEANに正式加盟 第4回国連世界女性会議 アメリカ、ベトナムと国交樹立文書調印 中国、地下核実験実施 フランス、ムルロア環礁で地下核実験 PLOとイスラエル、パレスチナ自治拡大協定調印 フランス、ファンガタウファ環礁で地下核実験 イスラエルのラビン首相暗殺さる ボスニア和平協定調印 国連、核実験停止決議
1996	橋本内閣発足 社会党、社会民主党に党名変更 自衛隊、ゴラン高原到着 司馬遼太郎没 東京・大阪HIV訴訟和解 らい予防法廃止 東京三菱銀行発足 マツダ、フォードの傘下に サッカー2002年W杯、日韓共催に決定 住宅金融専門会社処理法成立 O-157発生 丸山真男死去 民主党結成 小選挙区比例代表並立制初の衆議院議員選挙 橋本内閣再発足 芭蕉直筆「奥の細道」発見 阪和銀行業務停止命令 ペルーの日本大使館公邸で人質事件 太陽党結成 東京湾アクアライン開通 円安進行、1ドル116円	ミッテラン死去 スリランカで爆破テロ ロシア軍、チェチェン武装集団を攻撃 アメリカで連続小包爆弾犯逮捕 ボスニア和平会談 アフリカ非核化条約調印 モンゴルで大規模草原火災 原子力安全サミット イスラエル、ネタニエフ新政権発足 エリツィン再選 アトランタ・オリンピック開始 アメリカの航空宇宙局が火星からの隕石に生物の痕跡発見 CTBT採択さる アメリカ、イラクを制裁攻撃 ローマ教皇、進化論を認める 韓国、OECDに加入 ASEAN, ラオス・ミャンマー・カンボジアの同時加盟を決定 国連世界食糧サミット
1997	ロシアのタンカー、日本海で沈没 屋良朝苗死去 レバノンで日本赤軍幹部拘束 秋田新幹線開通 三井三池炭鉱閉鎖 消費税5％に	コフィ＝アナン、国連事務総長に就任 ドイツとチェコ、ナチスの侵略と戦後のドイツ人追放の過ちを認めあい関係正常化 イスラエル、ヘブロン撤退 鄧小平死去 クローン羊誕生

	改正駐留軍用地特別措置法成立 アイヌ文化振興法成立 日産生命破綻 日銀・独禁法改正 臓器移植法 第2次橋本改造内閣成立 宮本顕治、共産党中央委員会名誉議長になる ヤオハンジャパン倒産 「HANABI」、ベネチア映画祭グランプリ 中村喜四郎に懲役1年6ヶ月の1審判決 長野新幹線開通 新国立劇場開く 日米安保条約の新ガイドライン合意 北海道拓殖銀行破綻 山一證券自主廃業 温暖化防止京都会議 三船敏郎没	フランスで、ドブレ法（移民規制強化法）成立 化学兵器禁止条約発効 インドでグジュラル内閣成立 東南アジア非核地帯条約発効 中国の湖南省で8千年前のイネ発見 ボスニア＝ヘルツェゴビナ共和国発足 ザイールのモブツ大統領亡命 ブレア政権発足 コンゴ民主共和国誕生 フランス総選挙で社会党圧勝。ジョスパン内閣成立 ナラヤン、インド大統領に就任 中国に香港復帰 ダイアナ元皇太子妃、交通事故死 ハタミ、イラン大統領に就任 第2回火星探査機、画像送信 マザー＝テレサ死去 金正日、朝鮮労働党総書記に就任 対人地雷全面禁止条約調印
1998	大蔵捜査官2名収賄容疑で逮捕、蔵相・次官などを更迭 黒塚古墳で三角縁神獣鏡32面出土 長野冬季五輪パラリンピック開催 福井謙一死去 NPO法成立 新「民主党」結成 金融ビッグバン始動 韓国人元慰安婦に国による賠償判決 明石大橋開通 明石大橋開通 サッカーくじ法 若乃花、横綱昇進 PKO協力法改正 金融監督庁発足 参議院選挙、自民惨敗 小渕恵三内閣成立 北朝鮮ミサイル、三陸沖に落下 黒沢明死去 対人地雷全面禁止条約批准 日本長期信用銀行、一時国有化 旧国鉄債務処理法・金融再生関連法成立 沖縄県知事に稲嶺恵一当選 奈良の文化財、世界遺産に登録	ローマ教皇、キューバを初訪問 金大中、韓国大統領に就任 ガリーナ＝ウラノワ死去 国連、イラク大統領施設を初めて査察 オクタビオ＝パス死去 ポル＝ポト没 インド・パキスタン、核実験 インドネシアで暴動。スハルト辞任 エストラダ、フィリピン大統領に就任 ルーブル急落、取引停止 サッカーW杯フランス大会開始。フランス初優勝 イスラエル、核保有を宣言 ケニア・タンザニアの米大使館で同時爆破テロ 北朝鮮、弾道ミサイル発射 ドイツ総選挙、社会民主党勝利 NY株、史上2番目の下げ幅 シュレーダー、首相に就任 韓国大統領訪日、日本の大衆文化開放 「国際宇宙ステーション」の構成部品第1号打ち上げに成功 台湾の弧逢万里死去 エクソン、モービルを買収

年	国内	国外
1999	自民・自由両党の連立小渕改造内閣成立 ジャイアント馬場死去 地域振興の商品券公布 中央公論新社発足 自衛艦、日本海の不審船2隻に警告射撃 東京都知事に石原慎太郎 情報公開法・ガイドライン関連法成立 武蔵丸、横綱昇進 NTT分割再編 中央省庁改革関連法・地方分権一括法成立 東海村核燃料工場で臨界事故 国旗・国歌法、通信傍受法、改正住民基本台帳法成立 全米テニス、杉山・フバン組混合ダブルス優勝 自自公連立政権成立 盛田昭夫死去 佐治敬三死去 H2ロケット打ち上げ失敗 オウム2法 日光の寺社、世界文化遺産に登録	アメリカ、キューバ制裁大幅緩和 外国為替市場でユーロ取引開始 フォード、ボルボ買収 印パ、「ラホール宣言」に調印 ヨルダン国王フセイン死去 スタンリー＝キューブリック死去 カンボジア、ASEANに加盟 バラク、イスラエル首相に 印パ、カシミールで衝突 パナマにて初の女性大統領 ケルンサミット 南ア大統領にムベキ副大統領 中国、「法輪功」を非合法化 東ティモール住民投票 ドイツ、ベルリンに首都移転 ギュンター＝グラス、ノーベル文学賞受賞 「国境なき医師団」にノーベル平和賞 インドネシア、東ティモールの独立を承認 世界の人口、60億人突破 パキスタンで軍部のクーデター マイクロソフト社の「独占状態」認定 マカオ、中国に返還さる アメリカ、パナマ運河を返還
2000	憲法調査会、両院に設置さる 衆院比例区定数20削減決定 明日香村で最古の流水遺構出土 大阪府知事に女性初の大田房枝 警察刷新会議発足 保守党、自由党から分離 森内閣成立 東京都、大手銀行に外形標準課税始める 出雲大社で巨大神殿の柱出土 小渕恵三前首相死去 森首相の「神の国」発言 竹下登死去 ナスダック・ジャパンで取引開始 九州・沖縄サミット 田中康夫、長野県知事に KDDI発足 プロ野球日本シリーズでON（ダイエー王・巨人長島）対決。巨人優勝 共産党、規約前文削除 改正少年法 白川英樹、ノーベル化学賞受賞 イチロー、野手として初の大リーグ入り決定 高橋尚子、シドニーオリンピック、マラソンで金メダル受賞	チベット仏教カルマパ17世、インドに亡命 フィンランド、初の女性大統領 オーストリアで右翼・保守政権樹立 インダス文明の都市遺跡ドーラビーラを発掘 プーチン、ロシア大統領に就任 陳水扁、台湾総統に就任 国際共同チームがヒトゲノム解読ほぼ完了 平壌で南北朝鮮首脳初会談 コンピューターウィルス「I LOVE YOU」、各国に被害与える カスピ海で大油田発見さる 国際宇宙ステーション、居住棟打ち上げ T・ウッズ、グランドスラム最年少で達成 モンゴル総選挙で旧共産党人民党が圧勝 南北朝鮮の離散家族が再会 国連ミレニアム＝サミット デンマーク、ユーロ導入を否決 コートジボアールの軍政崩壊 フジモリペルー大統領罷免さる 金大中、ノーベル平和賞を受賞 米大統領選、集計で大混乱 フィリピンでエストラダ大統領弾劾裁判開始

2001	IT戦略本部始動 古田紹欽没 日本国債、格下げ 米原潜、えひめ丸に衝突 堂本暁子、千葉県知事に当選 「新しい歴史教科書」検定合格、韓国、中国等の批判激化 奈良本辰也死去 サッカーくじトト販売開始 小泉純一郎内閣成立 キトラ古墳石室内に朱雀の壁画発見 李登輝前台湾総統来日 マイライン開始 特殊法人改革法 山形大・富山大・金沢大入試問題ミス発覚 参院選、自民大勝 小泉首相、靖国神社参拝、韓国、中国等反発 マイカル倒産 高橋尚子、ベルリン・マラソンで世界記録を出し優勝 ヌデレバ、高橋尚子の記録破る イチロー、首位打者・盗塁王の2冠、新人賞・MVPを受賞 海上保安庁巡視船、不審船を撃沈 野依良治、ノーベル化学賞受賞 加藤シヅエ死去	フィリピン大統領にアロヨ ブッシュ大統領就任 ポルポト派に対する特別法廷設置法案可決 イスラエル首相公選、右派のシャロン圧勝 米英、イラク空爆 タリバン、バーミヤン大仏破壊 ベトナム新書記長にマイン 米中の軍用機が南シナ海上空で接触 オランダで安楽死法成立 ローマ教皇、初のシリアのモスク訪問 EUと米国、「京都議定書」で決裂 国連特別総会、「エイズ基金」設立 ジェノヴァサミット。デモ隊抗議 チャドで最古の人類化石発見 印パ会談決裂 アメリカでクローン人間禁止法案可決 アメリカで同時多発テロ アイザック＝スターン没 アメリカにて炭ソ菌テロ拡大 「アメリカ愛国法」制定 アフガニスタン、タリバン政権崩壊、アフガニスタン暫定行政機構発足 「国連」とアナン事務総長、ノーベル平和賞受賞 アメリカ、ABM条約撤退
2002	田中真紀子外相更迭さる UFJ銀行発足 雪印食品、牛肉偽装事件発覚 小泉首相、靖国神社参拝 アニメ「千と千尋の神隠し」、ベルリン映画祭で金熊賞受賞 東京地裁、東京都の「外形標準課税条例」に違憲判決 みずほ銀行、オンラインのトラブルに陥る 鈴木宗男衆議院議員逮捕 瀋陽日本国総領事館事件 日本経団連発足 日韓で第17回ワールドカップ 長野県議会、田中康夫知事不信任案を可決 住民基本台帳ネットワークシステム施行 日本ハムの牛肉偽装発覚さる 東電の原発トラブル隠し発覚 不審船引き揚げ 小泉首相訪朝。金正日と会談、拉致被害者のうち5人帰国 株価、バブル以来の最安値 小柴昌俊、ノーベル物理学賞受賞 田中耕一、ノーベル化学賞受賞	ユーロ、欧州12ヶ国で流通開始 パレスチナで女性初の自爆テロ アメリカ、新核戦略公表 ソルトレーク冬季オリンピック 台湾、WTOに正式加盟 ギュンター＝ヴァント没 ミロシェビッチ裁判、本格審理 ユーゴ消滅 スイス、国民投票により国連加盟決定 ジンバブエ大統領選で現職ムガベ圧勝 アンゴラ内戦終結 東チモール独立 米ロ、「戦略核削減条約」調印 アメリカ、「国土安全保障省」設置 アウン・サン・スー・チー、1年7ヶ月ぶりに解放さる カナダにてカナナスキスサミット ドル急落 通信大手ワールドコム破綻 スーダン内戦終結 米軍誤爆で多数のアフガニスタン人死者 エルベ川などで大洪水 環境開発サミット アメリカにて西ナイル熱感染者拡大 バリ島にて爆弾テロ事件

2003	住民基本台帳ネットワーク本格稼働 イラク復興支援特別措置法成立 六本木ヒルズ開業 十勝沖地震 日本産トキ絶滅 朝青龍モンゴル人初の横綱 阪神タイガース優勝 三浦雄一郎（70）エベレスト最高齢登頂記録を更新 台湾新幹線日本企業が受注 藤井日本道路公団総裁解任	人ゲノム解読完了宣言 中国共産党書記に胡錦涛、新首相に温家宝 中国で反日デモ多発 中国有人宇宙船「神舟5号」打ち上げ シュワルツネッガー、米カリフォルニア州知事就任 フセイン前イラク大統領拘束される 米、カナダで大停電 スペース・シャトル、コロンビア空中分解 北極圏の最大氷床崩壊
2004	愛知万博開幕 新潟中越地震 中国原子力潜水艦、日本領海侵犯 陸上自衛隊イラク派遣 美浜原発事故 鳥インフルエンザ大分と京都で確認騒動 裁判員制度法成立 アテネオリンピックで日本活躍、金16、銀9、銅12 小泉首相、平壌訪問 拉致被害者家族5人帰還	マドリードで列車同時爆破テロ EU憲法採択 ブッシュ米大統領再選 イラクで自爆テロ頻発 パレスチナ、アラファトPLO議長死亡 アテネオリンピック開催 台湾総統選で陳水扁再選 脱北者427人ベトナム経由で韓国入り 韓国「対日協力」を糾明する改正法成立 スマトラ沖大地震、大津波発生、死者万12人以上 火星探査車着陸成功
2005	CO2削減の京都議定書発効 総選挙で与党自民党大勝利 イチロー大リーグで1000安打達成 ベネチア国際映画際で宮崎駿監督に栄誉金獅子賞 ヘルシンキ世界陸上男子400メートルハードルで為末が銅メダル JR西日本福知山線尼崎事故107人死亡 ペイオフ凍結全面解除 東証で大誤発注トラブル 中内功（ダイエー）死去 小倉昌男（ヤマト運輸）死去	パキスタン大地震 フランス国民投票でEU憲法拒否 ハリケーン、アトリーナ米ニューオリンズに上陸、大被害を与える フランス各地で移民系若者の暴動 ドイツ初の女性首相メルケル就任 エイズによる累計死者数2500万人 中国元切り上げ2％ 東アジアサミット初開催（16ヶ国） バンドン会議50周年記念
2006	携帯電話9000万台突破 第1回ワールドベースボールクラシック（WBC）で日本優勝 甲子園高校野球、早稲田実業優勝 神戸空港開港 北九州空港開港 堀江前ライブドア社長、証券取引法違反容疑で逮捕 東芝、ウエスティングハウス社買収 村上ファンド代表、インサイダー取引容疑で逮捕 オウム真理教元代表、松本智津夫（麻原彰晃）の死刑確定 政府、竹島周辺の海底測量調査見送り	米FRB新議長にバーナキ就任 台湾統一綱領を廃止 ジャワ島で震度M6.9の地震（死者人6000人以上） パレスチナでハマス単独組閣発足 ロシア、サンクトペテルグでサミット 北朝鮮ミサイル発射7発 タイ、クーデター、タクシン政権崩壊 国際天文学連合総会、太陽系惑星を8個とし冥王星をはずす。 NY原油初の75ドル台 米中間選挙民主党勝利

2007	日清食品創業者、安藤百福氏死去 ガソリン価格リッター150円突破 C型肝炎薬害訴訟で初の和解勧告 守屋前防衛次官を収賄で逮捕 東京、女性専用温泉施設「シェスパ」爆発事故 プロ野球、50年ぶり中日が日本一 震度6強、新潟県中越沖地震 英会話学校NOVA、会社更生法申請 食品偽装、ミートホープ社長逮捕 「赤福」消費期限を偽装表示 郵政民営化、24万人巨大企業が始動	ノーベル平和賞、米ゴア氏とIPCC ロシア前大統領エリツイン死去 ミャンマーで長井健司さん死去 米小説家ノーマン・メイラー氏死去 米国、サブプライム・ローン問題発生 米国MLBドーピングスキャンダル問題 中国とインドのエネルギー争奪戦 ミャンマーで軍政に対する反対デモ アフガンで自爆テロ多発 世界の報道関係者の死亡過去最多
2008	東京秋葉原で通り魔、7人死亡 中国製ギョーザに殺虫剤混入 契約社員大幅解雇 北京五輪金の柔道石井慧がプロ格闘家に転向 北京五輪陸上男子リレー、日本短距離で初の銅メダル メジャーパイオニア、野茂英雄現役引退 マリナーズ、イチロー日米通算安打3000本安打 ゲリラ豪雨、各地で記録的猛威 三浦雄一郎氏、75歳でエベレスト登頂 世界同時景気低迷で各国の金融市場混乱 NHK大河ドラマ「篤姫」人気沸騰 日本人一挙4人がノーベル賞受賞 厚生年金の記録改ざんで社会保険庁へ抗議殺到 サイパンで逮捕の三浦社長、ロスで自殺	チベット、タイ、西インドの各地で暴動 四川大地震、死者・不明者9万人以上 ミャンマー、サイクロン被害、死者・行方不明者13万人以上 アメリカ、カリフォルニアの山火事、2万4700ヘクタール焼失 ニューヨーク原油先物価格市場最高値を記録、1バレル147ドル 穀物価格暴騰 北京5輪の聖火リレー世界各地で妨害 北京5輪開幕 米リーマンブラザーズ経営破綻 ポール・ニューマン死去 インド・ムンバイで同時テロ、180人以上死亡 国籍法改正「新日本人」の誕生
2009	朝青龍5場所ぶり復活優勝 H2Aロケット発射成功 麻生内閣支持率低下 大手企業軒並み収益悪化 派遣社員解雇増大（派遣切り） 生活保護申請3割増	米バラク・フセイン・オバマ、初の黒人大統領就任。 ニューヨーク、ハドソン川に旅客機不時着、乗客155全員奇跡的救助 イスラエル、ガザ地区侵攻

本書の執筆にあたり、下記の書籍を参考にさせていただきました（著者）。
The Timetables of History: The New Third Revised Edition, SIMON & SCHUSTER / TOUCHSTONE, 1975, NY. Burlington Free Press, 2005, Burlington, Vermont.
バイリンガル日本史年表：講談社インターナショナル、Bilingual Books, 1999, Tokyo.
英語で読む日本史：講談社インターネショナル、Bilingual Books, 1996, Tokyo.
世界史年表・地図、株式会社吉川弘文館、2003, Tokyo.
［実習］自分史の書き方：内海晴彦、柏書房、2000年
自分史の書き方：内藤洋子、ＫＴＣ中央出版、2000年
日本人の英語：マークピーターセン、岩波新書、1996年

〈著者紹介〉
田上達夫（たがみ・たつお）
Maple Language Associates主宰。兵庫県生まれ。
機械部品メーカー勤務後、米国へ留学
帰国後塾講師を経て、現在に至る。
1994年米国バーモント州、セント・マイケルズ・カレッジに留学。
1997年、MATESL（英語教授修士）を取得。
留学中バーモント州日米協会役員、移民局での英語教師、フットボールチーム通訳、フレチャー・アレン病院での入院患者サポート・チームでのボランティアなどを経験。

主要著書
『英文履歴書の書き方と実例集』（ベレ出版、2002年）
『英語で自分を表現する』（ベレ出版、2003年）
『採用される英語面接』（ベレ出版、2004年）

英文自分史のすすめ

2009年7月20日　第1版第1刷　　　　定価2000円＋税

著　者　　田　上　達　夫　ⓒ
発行人　　相　良　景　行
発行所　　㈲　時　潮　社

〒174-0063　東京都板橋区前野町4-62-15
電　話　03-5915-9046
ＦＡＸ　03-5970-4030
郵便振替　00190-7-741179　時潮社
ＵＲＬ　http://www.jichosha.jp
E-mail　kikaku@jichosha.jp

印刷所　相良整版印刷　製本所　武蔵製本

乱丁本・落丁本はお取り替えします。
ISBN978-4-7888-0638-2

時潮社の本

アメリカ 理念と現実──分かっているようで分からないこの国を読み解く
瀬戸岡紘 著
A5並製・282頁2500円（税別）

「超大国アメリカとはどんな国か」──もっと知りたいあなたに、全米50州をまわった著者が説く16章。目からうろこ、初めて知る等身大の実像。この著者だからこその新鮮なアメリカ像。
『読売新聞』(06．2．14夕刊) 紹介。
2008年10月20日　第2刷発行

美空ひばり平和をうたう
名曲「一本の鉛筆」が生れた日
小笠原和彦　著
四六判上製・264頁1800円（税別）

美空ひばりの反戦歌を縦軸に、きらびやかな人たちとの親交を横軸にして、名曲「一本の鉛筆」誕生の秘話を追い求める。古賀政男、川田晴久、竹中労たちはひばりにどんな影響を与えたのだろうか。そしてひばりから何を学んだのだろうか。
『中日新聞』『東京新聞』(06．5．18)、NHKラジオ深夜便に著者登場。

心臓突然死からの生還
アメリカで受けた手術体験
高松健 著
四六上製・258頁1800円（税別）

アメリカで突然襲われた心筋梗塞を機に、バルーン挿入、ステントの留置、ICDの胸部埋め込みとバイパス手術などなど、世界最高水準の心臓治療を受けた体験を、感情におぼれることなく、正確に綴った闘病記。時にユーモアをまじえた記述は、アメリカ医療制度の影にも筆が及ぶ。コラム風に現れる「妻の記」も、読む人の心を打つ。『メディカル朝日』等に書評掲載。

少 年 記—レクイエムと初恋と
高松健 著
四六判上製・136頁1200円＋税

「金木犀が匂うころ」は八歳までの幼、少年期を描いた。四人の家族全員が病気と戦争、特に連日の空襲に見舞われ、妹が病死、父も終戦一ヵ月後病死した。これは、父へのレクイエムにもなっている。「見習看護婦」の章では、石膏でつくったギプスベッドにはめ込まれ、絶対安静を余儀なくされた日々の中で、見習看護婦としてやってきた十六歳の少女への淡い初恋を描いた。若いころの純粋さへのノスタルジーである。

時潮社　話題の2冊

二〇五〇年　自然エネルギー　一〇〇％　増補改訂版

フォーラム平和・人権・環境〔編〕
藤井石根〔監修〕

A5判・並製・280ページ
定価2000円＋税
ISBN4-7888-0504-9　C1040

「エネルギー消費半減社会」を実現し、危ない原子力発電や高い石油に頼らず、風力・太陽エネルギー・バイオマス・地熱など再生可能な自然エネルギーでまかなうエコ社会実現のシナリオ。
『朝日新聞』（05年9月11日激賞）

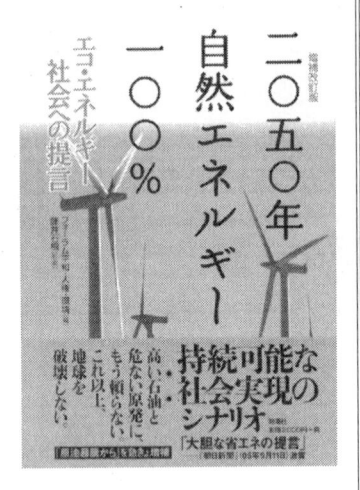

労働資本とワーカーズ・コレクティヴ

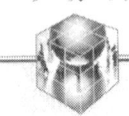

白鷗大学教授　樋口兼次著

A5判・並製・210ページ
定価2000円＋税
ISBN4-7888-0501-4　C1036

明治期から今日まで、日本における生産協同組合の歴史を克明にたどり、ソキエタスと労働資本をキーワードに、大企業組織に代わるコミュニティービジネス、NPO、SOHOなどスモールビジネスの可能性と展望を提起する。